Sports as motor of the regional society
A German - Japanese perspective

スポーツを地域のエンジンにする作戦会議

有山篤利
Ariyama Atsutoshi

高松平藏
Takamatsu Heizo

ドイツの現状、日本の背景を深掘り！

晃洋書房

まえがき

――日本の背景とドイツの事情をなぜ知るべきか？――

ドイツのスポーツマンも「脳みそが筋肉」なのだろうか？

日本もドイツも世界有数の工業国で、高水準の生活レベルを保っている国です。多くの人が日常的に自動車を使うなど、「似たようなもの」はたくさんあるものの、それでいて異なるものが多いのもまた事実。その一つがスポーツマンのイメージでしょう。

日本のスポーツマンといえば、ほぼ「体育会系」です。謙虚で忍耐強く、規律があり、礼儀正しいといった特徴があげられますが、あえて言い換えるならば「先輩には大声で挨拶し、明るく活発な印象が強い。上下関係重視のため、上には服従的で、下には横柄な物言いになりやすい。加えて根性という精神主義が強い」。そして、あまり良い表現ではないですが「脳みそが筋肉」「筋肉バカ」といった言われ方もします。

では、ドイツのスポーツマンはどうでしょう。自分をコントロールする力があり、自分が取り組む目標に対する意欲が高く、そのための決意と効率的な努力、プレー中の判断力、そして競争相手やチームメイトへの尊重を忘れないフェアプレーの実践。こんな言葉が並ぶでしょう。自分の才能をどこに向けるべきかを判断・決断をした専門家であり、強い倫理的価値観を持っているという人物像があるように思います。

もっともこのイメージは上位クラスのアスリートに対するもので、ある種の「期待」も混じっているかもしれません。それにしても自分の余暇の中で試合に出るなどして頑張っている「ホビー・アスリート」にもある程度当てはまると思います。そして「脳みそが筋肉」というイメージはまずありません。

ドイツは「ゆるゆる」のスポーツか？

実際の「スポーツ」のあり方も違います。私の経験を申し上げると、ドイツで子どもが柔道をしている現場を初めて訪ねた時に驚きました。日本の感覚から言えば「ゆるゆる」なのです。

その特徴は①気合い目的の声出しがない、②指導者はしっかりしているが軍隊の上官を思わせるような態度はない、③同じ練習を繰り返してしない。この3点を特徴としてあげることができるでしょう。

日本での指導は変わりつつありますが、典型的な体育会系と比較すると、まるで違う。なぜなら、スポーツはあくまでも勉強や仕事、義務から解放された「自由時間（余暇）」でやるものだからです。「てっぺん」を目指して命懸けでやるようなものではない。

そして、何よりも自分の自由時間に何をするか考えた時に「スポーツをやりたい」と自分で決定してやっていることです。もちろん子どもですから、親に言われてやっているというケースもありますが、基本の考え方は「余暇で行う自主的活動」なのです。

試合に出場するにしても、あくまでも「余暇活動」の枠組みの中で創意工夫、効率的なトレーニングでどうやって勝つべきか、という考え方になってきます。

それから先生も、いやドイツのスポーツの現場で「先生」はいません。「トレーナー」です。「勝つためのトレーナー」を探すこともありますし、「勝たせたいと考えるトレーナー」もいます。それでも子どもたちを追い詰めるようなやり方はしません。また、本文でも触れていますが、通常「スポーツクラブ」がドイツの日常的なスポーツの大きな「場」です。スポーツクラブは「スポーツを軸にしたコミュニティ」という感じの組織で、トレーナーも「スポーツを共にする仲間」の一人。たまたま指導する立場にあるというだけです。もちろん子どもが相手の場合、教育的な側面も出てきますが、私が初めて見た柔道のトレーニングもスポーツクラブでした。

そして、同じ技術を繰り返してやることは少ない。これは教育の考え方を見なければならないのですが、とことん反復練習をして「体で習得する」というアプローチが日本です。ドイツ、というかおそらく西洋では「理論」「実践」をわけて考える傾向が強い印象があります。この違いがトレーニングの仕方の違いに出てくるのでしょう。

つまり、日本発祥の柔道でさえ、ドイツでは異なる。それはスポーツの位置付けや目的が異なるからです。根底にあるのは「スポーツとは個人が、社会全体が、幸せになるため」という考え方です。では日本のスポーツはどうなんでしょう？　そこが基本的な論点です。

本書を使い倒して、作戦を立てよう

この論点に二人で迫ったのが本書です。有山篤利さんは、かつて「問題ではなかった日本スポーツ」が問題になった背景を掘り下げています。自分たちの日常・環境を客観視するのは難しいですが、その全体像を理解する手助けになるでしょう。私、高松平藏は、ドイツのスポーツが地域社会のエンジンになっている様子とその理由、日本との発想の違いに踏み込んでいます。そして互いに質問をする形で、両方のスポーツのあり方の理解を深めることを意図しています。

それから、本書を読む上で、留意していただきたいのは、ドイツは決して「先進事例」ではないということ。現在のドイツ・スポーツは、国の方針や政治、社会的な運動、学術、価値観を編み上げて練り上げられてきた「結果」です。決して先進事例を作ろうとしてきたわけではない。だから、その結果だけをコピーしても処方箋どころか、劣化コピーで終わるのが関の山です。

昨今、日本で地域とスポーツの関係が問われています。それは日本のスポーツをより良いものとして生まれ変わらせようということでしょう。「部活動の地域化」という課題に含まれている「地域」は身近で、皆で考えていくリアリティがある。その点、とても良いキーワードです。これを手掛かりに、これからの日本社会で、どういう価値観を大切にし、どのように皆で具体的なかたちにしていくか。発想を柔軟にして議論をしていく必要があります。そういう「作戦」を練るために本書を使い倒し創造的で未来志向の議論をしていただけると本望です。
最後に、私たちのスポーツ対話が始まったのは２０１１年。そのほとんどは、日独間をチャットやＺｏｏｍを使ってのものでした。本書はその成果であることを書き留めておきます。

高松平藏

２０２３年12月

目次

第Ⅲ部 日本のスポーツを21世紀にふさわしいものにする作戦会議

第Ⅰ部

どうする日本のスポーツ問題

体罰指導の問題、部活動地域移行など日本におけるスポーツはさまざまな問題を抱えている。日本におけるスポーツはなぜこのような問題を抱えるようになったのか？　これらの問題にどう向き合い、解決していけばよいのだろうか？

第1章 新型コロナが問いかける日本型スポーツ

1 スポーツが消えた？ ――コロナ禍からの問いかけ――

「何のために野球をやってきたのか」

2020年夏の甲子園野球が新型コロナ感染症の蔓延によって中止されました。これは、雑誌Number Web（「甲子園の風、」https://number.bunshun.jp/articles/-/854202）に掲載された、高校球児の心情が吐露された一言です。

2019年12月に中国武漢市において報告された新型コロナ感染症（COVID-19）は、瞬く間に世界を席巻するに至りました。2020年1月には、世界保健機関（WHO）が「国際的に懸念される公衆衛生上の緊急事態（PHEIC）」に該当することを宣言しました。その後、この感染症が世界でどのように猛威を振るい続けてきたか、いまさら言うまでもないことと思います。

スポーツ界においても、2020東京オリンピック・パラリンピックの延期をはじめ多くの種目の国際大会が中止や延期になり、日本でもプロ野球Ｊリーグ、大相撲などのプロスポーツにまでその影響が及びました。中・高生にとっても、２０２０年の全国中学校体育大会や全国高校総体及びそれにつながる多くの地方大会が中止されてしまいました。メディアやネットには、生徒の悔しさや指導者の無力感、そして周囲からの同情の声、新型コロナ感染症へのやり場のない怒りの言葉などがあふれたものです。

とりわけ、春夏の甲子園野球が中止された際には、生徒、指導者、保護者、スポーツファンなどを巻きこんで、さまざまな意見が飛び交いました。冒頭の言葉は、そんな全国の高校球児そして中・高の運動部員の気持ちを象徴するものでしょう。目標にしてきた全国大会を失った中・高生の喪失感は、ある意味、やり直し可能な大人のトップアスリートのそれを上回るものであったのかもしれません。

このとき、高野連は選抜大会出場校への救済措置として、甲子園高校野球交流試合（２０２０年）を開催しました。他の種目でも、市町村レベルなどで規模を小さくした代替の交流大会などを計画したところもあるようです。当時、試合や競技大会をどう新型コロナと共存させながら再開させていくのか、多くのスポーツ関係者が苦悩したものです。

しかし、この時に私たちが真剣に考えねばならなかったのは、コロナのために奪われた試合の代替措置や安心な大会運営の方法だけだったのでしょうか。もちろん、直面する課題としてこれらの対処に取り組まねばならなかったことは言うまでもありません。でもそれらは、いわば対症療法です。私たちは、この新型コロナ禍をきっかけに、日本のスポーツのより根源的な課題に気づくべきであったと思います。

2 競技大会に出場することがスポーツ活動なのか

(1) 新型コロナで中高生が失ったものは何か

今回の新型コロナ感染症が露わにしたこと。それは、日本のスポーツの致命的な欠陥です。その一つは、日本型スポーツの行き過ぎた成果（勝利）至上主義だと思います。より正確に言うならば、競技大会至上主義です。

一般的に、試合の勝ち負けに拘った暴力的で威圧的な指導をもって、成果（勝利）至上主義という言葉が用いられます。しかし、よく考えれば、競技であれ遊びであれ勝利にこだわるのはスポーツであれば当たり前のこと。私は、むしろ、試合に対する姿勢や指導方法云々を言う前に、スポーツ＝競技大会になってしまっていることに成果（勝利）至上主義の本質を見ています。そして、ここに日本の最も大きなスポーツ課題の一つがあると考えています。

今回の新型コロナ感染症によって中・高生が失ったものは何か。スポーツそのものが消えたわけではないのです。消えたのは、成果を競う場所、競技大会です。端的に言えば、中学や高校で日本一を競う機会が一時的に失われただけ。スポーツ活動が永遠に禁じられたわけでは決してありません。なのに、競技大会がなくなっただけで、日本の若者は生活のすべてを失うような絶望感を味わってしまった。

もちろん、それが競技に3年間をかけてきた生徒にとって大変なショックであり、絶望感につながってしまうことは十分理解できます。しかし、指導者や周囲の大人たちが思い至らないといけないのは、日本一を競う機会がなくなっただけで、夢を絶たれ希望を失ってしまうスポーツのあり方ではありませんか。言いかえれば、それは日本のスポーツ価値の貧しさとも言えるでしょう。「私は生徒に、試合で勝つことしかスポーツの醍醐味を伝えていなかったのか」……、こんな後悔の言葉は、指導者からはついぞ聞かれませんでした。

スポーツには勝敗を決すること以外にも、さまざまな魅力や価値があることは言うまでもありません。スポーツを通した仲間づくり、技が上達する満足感、ストレス解消、健康やフィットネス……。にもかかわらず、生徒は勝敗という結果を得る機会を失うことのみで、スポーツに絶望感を味わいました。

(2) スポーツ活動とは大会に参加すること?

日本では、「スポーツをする」とは「試合をする」ことであり、「大会に参加する」ことなのです。スポーツに夢中になるとは、試合でてっぺんを目指すこととイコールです。究極には日本一を目指すという方法でしか感動や満足感を得られないような設計が、日本のスポーツ活動のデフォルトになっています。それは、スポーツはすべからく競技スポーツであり、「競技大会で頂点を目指すことがスポーツ活動」という単線型のスポーツ観に支えられています。「武士道とは死ぬことと見つけたり」と書いたのは「葉隠れ」で有名な山本常朝ですが、これになぞらえて言えば、「スポーツとは大会で勝つことと見つけたり」となるでしょうか。

一方、海外でも、例えばドイツにおいても新型コロナによってスポーツ活動は大きく制限されました。しかし、伝え聞くところによると、ドイツでは、感染症対策をして少人数でスポーツ活動をする自由までもが奪われそうになったことに対して、「そこまで必要なのか」という意見や不満を口にする人はあっても、大勢が集まる競技大会が中止されたことについて日本のような騒ぎは起こらなかったようです。当然でしょう。試合をすることは、スポーツ活動のすべてではなく、一部に過ぎないのですから。ドイツでは、これをよく理解してスポーツ活動が行われていると言えます。

私たちは、生徒たちにスポーツの豊かな魅力を本当に伝えてきたのでしょうか。大いに考えるべき時が来たようです。いくらきれい事を並べても、結局、試合で勝つ機会を失っただけで若者は絶望したのです。それが、この新型コロナで露わになった「競技スポーツ単線型のスポーツ観」に支えられた日本のスポーツの実態です。

3 托卵型育成モデルの日本型スポーツ

(1) 部活動に依存するスポーツ

もう一つ、新型コロナが露わにした日本型スポーツの特徴。それは過剰な学校依存体質です。2020年4月には全都道府県を対象に緊急事態宣言が発出されました。地方自治体もこれに合わせた対応を行うなかで、学校の教育活動も大きな制限を受けました。授業などはこれで一気にオンライン化が進んだのですが、運動部活動のような集団活動は、長期にわたる活動停止や制限を余儀なくされました。

このときに二つ目の日本型スポーツの課題が露わになりました。それは、運動部活動の停止が単に学校の教育活動の停止を意味するものではなく、実質的にスポーツ活動の停止を意味するものであったということです。つまり、学校という場がなくなれば、日本のスポーツ活動の場は、一部のプロスポーツや実業団を除いてほぼ消失したのです。

このことを指摘する声はあまり聞いたことがありません。むしろ、「今さら何を当たり前のことを」と言う人がいるかもしれません。しかし、よく考えていただきたいのが、学校は教育の場で、スポーツはその教育のための手段という位置づけだということです。学校という場がなくなれば、スポーツによる「教育」の機会がなくなるのは必然です。でも日本では、学校という場がなくなることで中体連や高体連あるいは学生連盟の活動がストップしてしまいました。それは、イコール試合・大会の中止を意味し、ひいてはスポーツ活動の停止を意味したのです。これは、学校という場がなくなれば日本のスポーツは消えてしまう、ということです。なぜ、学校という場がなくなれば、自動的にスポーツ活動までもが停止してしまうのでしょうか。

(2) スポーツの推進は学校の役割なのか

2011年に施行されたスポーツ基本法の第2条には、「スポーツは、これを通じて幸福で豊かな生活を営むことが人々の権利である」と明記されています。近年、「スポーツ権」と呼ばれるものです。そして、第5条には「スポーツ団体は、スポーツの普及及び競技水準の向上に果たすべき重要な役割に鑑み、基本理念にのっとり、スポーツを行う者の権利利益の保護、心身の健康の保持増進及び安全の確保に配慮しつつ、スポーツの推進に主体的に取り組むよう努めるものとする」と記されています。

この文章をそのまま読む限り、スポーツの推進に主体的に取り組むのはスポーツ団体であって学校ではない。スポーツの普及や育成・強化を担うのはスポーツ団体なのです。しかし、実際に日本の各スポーツ種目の中核を担う競技団体が直接取り組んでいるのは、大会運営や強化選手の選定であり、普及・育成・強化などは、学校に業務委託してきたのが実態ではなかったでしょうか。正課の教科体育でさえ、競技団体にとっては種目の普及や紹介の場と捉えられてきました。

そして、選手の育成・強化は運動部活動に丸投げされてきたのです。学校でスポーツへ目を向けさせ、部活動で選手を育成しながら選抜し、できあがった選手を実業団やプロスポーツがお金で刈り取ってゆく。野球などはその典型だと思います。日本では、競技スポーツと学校教育が分かちがたく結び付いてしまっています。

その結果、スポーツ活動は学校の卒業年次で分断され、「引退」前の「最後の試合」を新型コロナに奪われた3年生が悲嘆にくれなければならなかった。ドイツのように、日常生活のなかにスポーツの場が豊富にあれば、このような悲劇は避けられたはずです。

本書の共著者である高松は、この日本のスポーツの育成システムを、野鳥のカッコウが行う「托卵」になぞらえて、「日本型スポーツの托卵型育成モデル」と呼んでいます。学校という場の消失が即スポーツ活動の停止に結びつく。新型コロナ感染症が露わにした日本型スポーツの課題です。

(3) 変化を求められる日本のスポーツ

現在の日本型スポーツの姿は、明治から続いた先人の努力の結果であり、その歴史は否定されるべきことではありません。おそらくスポーツという外来文化を輸入した日本において、このような形をとることがその発展に最も合理的な方法であったのだろうと思います。つまり、スポーツという外来文化を確実に根付かせるためには、学校という安定したシステムを利用して、競技スポーツを普及するのが最も効果的だったのでしょう。

しかし、時代は変わりました。ＩＴやＢＴ（バイオテクノロジー）革命に象徴されるような技術革新は、生きることへの価値観に大きな影響を与え、社会のあらゆるモノ・コトを劇的に変えてきています。スポーツも社会の活動である以上、これらの変化から逃れることはできません。人々の価値観が変わった以上、スポーツのやり方もそれに合わせた変化が求められるのです。今回のコロナ禍によるスポーツの混乱はその視点を示してくれたように思います。

例えば、教員の働き方改革に関連して混乱を極めている運動部活動についても、スポーツが過度に学校に依存していなければ起こらなかった問題です。部活動で行われているスポーツが競技でなければ、専門外の教員が無理してコーチしたり土日を潰して大会引率をしたりする必要はなかったのです。

コロナ禍を単なる不幸な出来事に終わらせてはなりません。厄災を奇貨として、私たちは日本のスポーツを発展させるべきです。日本のスポーツは、試合・大会のみではない多様な価値を享受できる豊か文化となれるでしょうか。日本のスポーツは、学校に依存しない自立した文化として発展することができるでしょうか。新型コロナ感染症は、私たちに問いかけています。

第2章

こうしてできあがった日本型スポーツ

1 日本のスポーツは最初から部活だった。

(1) 日本における近代スポーツの始まり

社会の価値観の変化に伴ってスポーツ活動がどのように変化していくべきか。その方向性を探るために、まず日本のスポーツがこのような特徴をもつようになった経緯を考えてみたいと思います。

日本にいわゆる近代スポーツが持ち込まれたのは、1860年代の幕末、横浜、長崎、神戸の外国人居留地でした。そこでは、イギリス・フランス・オランダ・アメリカなどの商人・役人・軍人たちが、余暇として祖国のスポーツを行っていました。レガッタ、フットボール、ゴルフ、競馬、クリケット、テニス、バドミントン、ボーリングなど多種にわたるスポーツ活動が行われていたようです。しかし、これらのスポーツ活動は外国人のサークル内に閉じられたもので、日本人との交流はありませんでした。

日本人に実質的にかかわる形で近代スポーツが持ち込まれるのは、明治維新以降になります。1872（明治5）年に学制が公布され、1886（明治19）年には帝国大学令にもとづいて、東大や京大などの帝国大学が設立されました。続いて早稲田や慶応などの私学や、多くが現在の大学の前身になっている旧制の高等専門学校も創立されていきます。

これらの高等教育機関には、日本の近代化を進めるために多くの外国人が教師として招かれました。日本の近代スポーツは、これらの外国人教師によって、まず、限られたエリート層の学生の間に伝えられたのです。そして、そのスポーツは正課外のクラブ活動として普及していくことになります。正課外のクラブでは、野球やテニス、ボート（漕艇）、陸上競技などが盛んに行われ、学校対抗の大会が盛り上がりました。特に、早慶戦のように学生野球などは新聞社とも結び付き、一大スポーツイベントとして国民を熱狂させました。

(2) 集団を代表するスポーツ参加

その後、これらのスポーツ活動は、旧制中学校の課外活動へと拡大していきますが、ここで注目しておくべきことは、日本のスポーツ活動が出だしから学校の正課外のクラブ活動であり、学校対抗という大会形式で国民の支持や熱狂を得たということです。学校対抗の大会ですから、選手は当然のこと団体の看板や名誉を背負って戦うというメンタリティを強く要求されます。スポーツを行う者は、常に国や都道府県や市町村や学校という団体を代表する選ばれし者と理解されたのです。日本のスポーツは、欧米のように主体的な個人意識に基づいた参加ではなく、常に義務感あふれる集団的意識に基づいた参加を余儀なくされる活動となりました。

戦後、学制が新制中・高等学校、大学へと変わっても、スポーツの舞台は依然として学校であり、その視線の先は常に競技大会であることは先に指摘したとおりです。日本のスポーツの学校への過剰な依存である「托卵型育成モデル」と「競技スポーツ単線型スポーツ観」は、近年始まったことではなく出だしから一貫してそうであったのです。

2 日本型のスポーツの誕生

(1) 明治後半から大正期のスポーツ

日本の近代スポーツは正課外のクラブ活動で普及し、学校に依存した「托卵型育成モデル」と競技スポーツに偏った「単線型スポーツ観」として産声を上げました。

この二つの特徴は、明治後半から大正の社会状況によってますます鮮明になっていきます。欧米に遅れて政府主導の上からの近代化を果たした明治日本にとって、喫緊の課題は欧米の圧力に屈しない強い国づくりでした。いわゆる富国強兵が、国民的な合意にもとづいた国是であったのです。したがって、明治期の学校教育がその国是を達成するために、欧米に負けない国づくりに資する人材育成をミッションとするのはきわめて自然な成り行きでした。

では、それはどのような資質を有した人材でしょうか。まず必要なのは、強大な軍事力や高い生産力の基盤となる強健な身体です。そして、軍隊や工場という組織において、命令一下効率的に動ける従順な身体です。努力を惜しまない勤勉性、困難を乗り越える強靭な精神力、集団行動に求められる規律、共同作業に必要な役割分担……。数え上げればきりがありませんが、いわゆる「体育会系」が得意とする能力です。およそこのような資質や能力と成果主義的な競技スポーツの親和性がきわめて高いことは、容易に想像がつくと思います。

その結果、スポーツは娯楽や趣味ではなく、欧米に負けない強国を支える人材づくりの教育（体育）として奨励され支持されてきたのです。学校対抗の大会で他を圧倒するチームは、そのまま欧米を圧倒する日本国の理想の姿であり、そのために日々精進するスポーツマンは日本人のロールモデルでした。こうして、学校と競技スポーツは分かちがたく結び付いていくのです。

(2) 武道と日本型スポーツの形成

明治から大正時代は、武技・武芸から発展した武道という身体運動文化が形成される時期でもありました。江戸期に発展した武技・武芸の最大の特徴は、それが単なる戦技ではなく、自己完成を目指す修養の道とみなされてきたことにあります。武道もこの特徴をよく受け継いでおり、1882（明治15）年に嘉納治五郎が創始した講道館柔道はその典型例です。

武技・武芸は武士の文化でしたので、明治維新とともに文明開化の時代にふさわしくない過去の遺物とみなされ、いったんは途絶えかけました。しかし、明治後半になると風向きが変わります。欧米の文化を取り入れ国力を急成長させた日本は、日清・日露戦争を経て世界の強国としての自我に目覚めます。すると、欧米諸国に対して自国のアイデンティティ、つまり「日本」らしさを主張したくなるのは当然の帰結です。そこで、注目されたのが、明治以前の伝統的な日本を担ってきた武士であり、その思想である武士道です。1899（明治32）年、新渡戸稲造が海外に向けて、『武士道』という有名な書籍を発刊したのもこの流れです。

厳密に言うとこの武士道は、江戸時代の武士道とは根本的に異なる近代的な明治武士道[1]だったのですが、少なくともこの時期にいったん捨て去られかけた武士という存在に、「日本」らしさがうまく結びついたことは間違いありません。そこで、武士の専門技能を継承し、武士道を体現するものとして武技・武芸を再構成したのが「武道」というジャンルの日本独自の格闘技であったのです。日本独自のローカルスポーツの誕生です。

武道が日本人の琴線に触れる伝統的スポーツとして認知されるにつれ、課外活動で行われていた欧米発祥の近代スポーツにも、武道特有のストイックな精神主義や儒教的な価値観が投影されるようになりました。「一球入魂」という言葉で有名ですが、学生野球の父と呼ばれ、アメリカ生まれの野球を武道的に解釈し「野球道」を唱えた飛《とび》田《た》穂州《すいしゅう》などは、まさにその典型例です。野球には、現在もその傾向が色濃く残っているのは周知のとおりですし、スポーツを修養の道と考えるのも日本のスポーツ指導者の特徴であることは間違いありません。

今でも、勉学とスポーツの両立を目指し頑張る生徒を、「文武両道」と言いますよね。スポーツは「武」になぞらえられるのです。そう考えると、スポーツという外来文化は、「武道の文脈で和訳された」と言っても過言ではないような気がします。

(3) 今なお続く日本型スポーツの特徴

その後、国粋主義や軍国主義が社会を支配し日本は戦争の時代に突入します。戦時中には、スポーツ活動そのものは欧米由来の文化の統制、若者の出征、用具の不足、空襲などにより衰退します。

しかし、「体育奉公」などというスローガンが生まれるなど、スポーツは国家総動員体制の一翼を担うものとして期待され、「集団に貢献するストイックな競技を通した教育活動」というスポーツ観は固定されたままでした。このようにして、競技スポーツ単線型で、学校に依存した日本型スポーツは定着してきました。

1　寒川恒夫（２０１４）は著書『日本武道と東洋思想』（平凡社、２０１４年）のなかで、明治武士道は、江戸期の武士道の徳目を引用しながら全体の意味付けを武士から神格化された天皇へと変えたもので、明治政府の官僚であった西久保弘道らが先導した政府推奨の国民道徳であり、江戸期の武士道精神とは根本的に異なるものであると述べている。

さらに、それは日本独自のスポーツ観として、今もさまざまなスポーツ場面で散見されます。日本では、「余暇としてのスポーツは気楽な遊びとして価値の低いもの」とみなされがちです。そして、チャンピオンを争う「競技としてのストイックな活動」こそが、「正しく尊敬されるスポーツの姿」であり、それは「教育として学校で行われるべきもの」であるのです。このような欧米とは明らかに異なった価値観が、今もなお日本のスポーツを縛り続けています。

3 高度経済成長と日本のスポーツ

(1) 「一番」になる夢を求めた時代

明治以降から戦前にかけて、近代日本の発展と結び付いて日本型スポーツの骨格が形づくられたことはご理解いただけたと思います。しかし、日本という国は日中戦争（1937〜1945年）や太平洋戦争（1941〜1945年）の敗戦によって大きく姿を変えます。アメリカという超大国の先導のもとに進められた、軍国主義国家から民主主義国家への転換です。いわゆる戦後と呼ばれる時代の始まりです。

スポーツという文化のあり方が社会情勢とリンクしているのはすでに述べたとおりですが、では、戦後の始まりをきっかけに日本のスポーツはどのように変わったのでしょうか。結論から言いますと、戦前にできあがった日本型スポーツの骨格は何も変わらなかった。むしろ、より鮮明になったと考えられます。

　ある時代に特徴的なものの見方や考え方のことをパラダイムと呼びますが、明治維新では封建社会の崩壊に伴い国民が共有したパラダイムが大きく変化しました。これをパラダイムシフトと言います。しかし、少なくともスポーツに関しては、昭和の大戦前後でこのようなパラダイムシフトは起こらなかったのではないかと私は考えています。

　確かに政治の仕組みや制度に関することは、民主主義というイデオロギーのもと大きく変わりました。しかし、国民の意識に底流する思考や行動のパターン、いわゆるマインドセットというものは戦戦前戦後で一貫していたように思うのです。それは、どのような意識かというと「世界一」への願望です。

　戦前戦後は国民誰もが一番になる夢を共有できた時代と言えます。頂点を目指すことの意義をストレートに認め、一番になるための努力や忍耐力が何よりも尊ばれた時代でした。戦前は、どの国よりも強くなることを目指した日本人は、戦後誰よりも物質的に豊かになることを求めて行動したのです。そんな時代には、一番となる成果、つまり金を儲けて誰にも負けないよい「成果＝モノ」を手に入れることが善とされたのです。

(2)　高度経済成長と日本型スポーツの完成

　このようなマインドセットとスポーツが強く結び付いた出来事があります。１９６３年に行われた東京オリンピックです。

東京オリンピックは、戦争によって荒廃した国土の復活の狼煙であるとともに、敗戦によって傷つけられた日本人の誇りを取り戻すシンボルとなりました。バッタバッタと外国人選手を投げつけた柔道、東洋の魔女と呼ばれ、根性を掲げて汗と涙で金メダルを勝ち取った女子バレー。「輝かしい成果＝一番よいモノを獲得するために、我慢や忍耐に裏付けられた精神力が大切」という根性主義が、オリンピックスポーツをとおして日本人の心の中に深く刻み込まれた瞬間です。

この後に続く高度経済成長は、まさにこの文脈が原動力となります。当時の日本人が描く成功は、他に勝る業績や成果物を手にすることにあり、そのための長時間労働は美徳でした。深夜残業や休日出勤は、ごく当たり前のライフスタイルです。戦前に、自己犠牲をいとわず戦争の勝利を目指した国民は、戦後はその視線を一戸建てのマイホームや自家用車、最新の家電製品に変えただけです。

このような根性論に裏付けられた成果至上主義が日本を世界第2位の経済大国に押し上げた結果、たまに違和感をもつことがあっても、誰も正面切ってそれを非難できない社会の雰囲気が醸成されていきます。これが、大会でメダルや賞状を勝ち取るために、血反吐を吐くような練習に耐え抜く運動部員の姿とまったくの相似形にあることは明らかです。

こうして、学校教育を舞台にしたスポーツ活動である運動部活動は、高度経済成長を謳歌する社会の期待に応えるものとしてますます盛んになっていきます。その結果、部活動は法的には自由裁量でありながら、実質的には教科の学習よりも遙かに切実で現実的な教育として教員に義務化されていくのです。また、そこに付随する体罰や教員の過重労働の問題は見事にスルーされていきます。輝かしい成果を上げた部と指導者は、時代を支える原動力として盲目的に支持されます。この価値観は1986～1991年のバブルと呼ばれた時期に絶頂に達しました。

このようにして、ホンモノのスポーツとは厳しい競技スポーツであり、それは学校教育で行われるべきものであるという、「単線型のスポーツ観」と「托卵型育成モデル」を特徴とする日本型スポーツが完成されたのです。

4 AKB48にみるパラダイムシフト

(1) 二度の戦争に負けた日本

「日本は二度戦争に負けた」……、そう言うと驚かれるかもしれません。一度目はもちろん昭和の初めの大戦、武力による戦争です。二度目は、戦後復興から高度経済成長を経てバブル崩壊でピリオドを打つお金の戦争です。武道家であり、思想家である内田樹氏が同様の指摘をしています。

確かに、日本は金の力で世界第2位の経済大国にまで登り詰めました。しかし、この経済戦争も1991〜1993年の景気後退、いわゆるバブル崩壊で夢と潰えました。以降、その栄光は取り戻せていません。まさに、「世界一」の国を目指して、日本は質の異なる戦争を二度仕掛け二度とも敗れたのです。そして、二度目の敗戦であるバブル崩壊以降に、大きなパラダイムシフトが訪れます。

佐伯啓思が著書『日本という「価値」[2]』のなかで、バブル期に絶頂を迎えた日本の資本主義に、限界が見え始めたと指摘しています。

(2) 「モノ」から「ココロ」の時代へ

佐伯は、資本主義というのは、簡単に言えばよい「モノ」を求める人に対して、「平等な立場」で「最も優れた技術」を競い、「最も優れた製品」を提供して資本を拡大していく運動であると述べています。「平等な立場」で「最も優れた能力や技術」を競い、「最も優れたメダルや賞状」の獲得競争をする運動部活動は、まさしく資本主義を疑似体験できる活動でした。運動部員が企業で重宝されたのは、資本主義における営利活動と競技スポーツの競技活動が本質的に同じ文脈を有しているからです。

日本の資本主義を支えた企業戦士と、競技スポーツに青春をかける運動部員には共通する心理があります。それは、「より優れた成果」への憧れであり、一番優れた「モノ」への高いモチベーションです。しかし、佐伯は、バブル期で極まった資本主義社会を「よいモノ」があふれた社会と表現し、産業を支えてきた「モノ」へのモチベーションが低下してしまったことを指摘しています。資本主義経済の発展があるラインを超えると、優れた「モノ」が市場にあふれます。優れた「モノ」だらけになると、一番ではなくてもそこそこ優れた「モノ」で人は十分に満足してしまうと言うのです。

　例をあげてみましょう。戦後間もない頃の人たちは、白黒テレビを手に入れたいと渇望しました。昭和一桁の世代です。一方、現代人の最新式の高画質大画面テレビへの購買意欲を比べてみてください。私たちのまわりには、もう優れたテレビがあふれています。何も最新式にこだわる必要はありません。型落ちのテレビでも、日々の生活で満足いく程度に優れています。それなら高価な最新式は我慢して、「型落ちのテレビでいいや」という人も多いのではないでしょうか。

　これは、優れた「モノ」があふれた時代には、「モノ」を手に入れることではなく、「モノ」から得られる満足観や達成感など○○感と呼ばれる「ココロ」へと、モチベーションの向かう先が移り変わることを意味しています。「モノ」はゴールではなく、「ココロ」を充足させるための手段になりました。私たちが今欲しているのは、「モノ」ではなくて豊かな生活で得られる「ココロ」です。獲得したプロダクト＝「モノ」に意味を求めるのではなく、日々のプロセス＝「ココロ」のあり方に意味を求めるようになったというのが佐伯の主張です。確かに私たちは一番よい

2　佐伯啓思（２０１０）『日本という「価値」』、ＮＴＴ出版。

テレビの購入ではなく、テレビのある生活への満足感を大切にするようになっています。

(3) AKB48と「ココロ」の時代

このパラダイムの変化は、私たちの消費生活に大きな変化をもたらしています。例えば、私たちの生活に身近な携帯電話です。今は、iPhoneをはじめとするスマートフォンが全盛で、従来のガラパゴス携帯（通称ガラケー）はほぼ目にすることはなくなりました。ですが、ガラケーは通信機器としてiPhoneに劣るものではありません。なのに、なぜこのような差ができたのでしょうか。それは、両者の提供するものが違ったということです。

iPhoneはただの通信機器ではありません。ゲームであり、映画館であり、テレビであり、辞書であり、財布であり、カメラであり、オーディオプレーヤーであり……。つまり、iPhoneは便利で楽しい満足感あふれる生活そのものです。ガラケーは優れた通信機器というプロダクトですが、iPhoneには豊かなプロセスが詰まっています。そして、私たちはより優れた「モノ」ではなく、豊かな「ココロ」を基準に通信機器を選ぶようになったということです。やはり、これをいち早く見抜いたスティーブ・ジョブズは天才ですね。

芸能界に目を転じてみましょう。私が注目するのは、AKB48というアイドルグループです。AKB48のデビュー以来、よく似たグループがたくさん生まれ大活躍をしています。これらのグループのセールスモデルには際立った特徴があります。少々悪意を込めて、AKB商法などとも揶揄されますが、彼女たちの売り物は歌ではありません。歌手は歌を歌ってお金を稼ぐのが当たり前です。でも彼女たちが本当に売り物にしているもの、それはずばり参加感という「ココロ」です。

ＡＫＢ48のコンセプトは「会いに行けるアイドル」です。握手会、チェキ会[3]、総選挙などのファン投票、じゃんけん大会などのイベント……ファンを巻き込んだ臨場感こそが魅力なのです。ＣＤやＤＶＤは、彼女たちにつながるためのツールに過ぎません。ファンは、自分の推しのアイドルを応援する毎日、つまりプロセスを楽しんでいるのです。今、話題の「推し活」などはその典型ですね。このように、現代は、「モノ」ではなくてプロセスを売るというセールスモデルが大きな支持を受ける時代になったと言えそうです。

5 プロダクトのスポーツからプロセスのスポーツへ

(1) プロダクトからプロセスへ

「本屋がダメになったというけれど、まだまだ、可能性がありますよ。これまでの売り方

3 ライブの開始前や後などに、アイドルがファンと一緒にツーショットでチェキ（インスタント写真）を撮影するイベント。

が古いんです。だって、今までの本屋は出来上がった本を並べていただけじゃないですか。」

「これからは、本（プロダクト）じゃなくて、本のある生活（プロセス）を売らないといけないんです。」

私の知人の言葉です。この知人の話が、先ほど述べたプロダクトからプロセスへの変化を表しているのはいうまでもありません。確かに、カフェを併設したり、本のテーマに合わせた読書会やトークイベントなどを開催したりして、本のある生活を創り出す店も増えてきています。

グルメもそうです。レストランやカフェも、美味しい料理を出すだけでは時代に取り残されてしまいます。「インスタ映え」という言葉があるように、味や見栄えがいい料理にプラスして、おしゃれな内装、フレンドリーな接客などを加味して、レストランやカフェのある楽しい生活を提供しなければならない時代になりました。

学校の勉強も同じです。今や、正解を知ることで学習は完結しません。むしろ、正解に至るまでの思考のプロセスに力点が置かれるようになりました。正解を求めるのではなく、容易に答えの出ない問いに対して、結論に至るまでの納得感あるプロセスを示したり、問題そのものを見つけ出す過程を構築したりできるようになるのが、今求められている勉強です。そして、それが今の社会や企業が求めている学力なのです。知識を覚えたり、指示に正確に従って動いたりするのは、もう機械やコンピューターが行う時代です。

私には、資本主義が限界にきているのかどうかはわかりません。しかし、少なくとも一番優れた「モノ」を手に入れるのがゴールとなる時代は終わったようです。私たちは、一番優れた「モノ」を手に入れるよりも、「モノ」を通じた「ココロ」の持ち方を重視するようになりました。プロダクトからプロセスへのパラダイムシフトです。

(2)　変わる社会、変わらない運動部活動

スポーツは文化です。社会の動向とリンクして変容が求められるのは当たり前です。国民が共有するパラダイムが変わった以上、スポーツ活動にも変容が求められています。なぜ、体育授業の持久走は人気がないのに、マラソンが人気なのか。なぜ、ボードやサーフィンは人気なのに、野球や柔道など以前は大人気だったスポーツが競技人口を減らしているのか。もう答えはおわかりかと思います。プロダクトの時代が終わったのです。持久走で手に入れるものは、記録と単位です。野球や柔道は、いまだにオリンピックの金メダルや甲子園の優勝旗が至高の価値です。

間違ってはならないのは、これが良い悪いの問題ではないということです。金メダルや優勝を競うことがダメなのではありません。それは、スポーツが競技として存在している以上、放棄することのできない大切な行為です。特に、競技スポーツは本質的に一番を競うものであり、スポーツの高度化は文化を深め追求することでもあります。ただ、それを至上とする価値観が私たちには響かなくなった、俗に言えば受けなくなったことを自覚する必要があるということなので

す。

ひるがえって、運動部活動はどうでしょうか。社会の価値観は変わったのに、運動部の目指す価値観は変わらない。未だに、全国中学校大会（全中）や全国高等学校総合体育大会（インターハイ）、甲子園の一番を競うというモデルで進められています。このモデルを見直すことなく、ただ運動部活動の場所を学校外に移すだけで、生徒が期待するスポーツを提供できるでしょうか。日本のスポーツの未来は開けるのでしょうか。

運動部活動の改革は、単なる働き方改革ではありません。活動時間の制限や場所の変更など、How toで済む問題ではないのです。日本のスポーツのあり方を問い直す根本的な問題なのです。

第3章 どうするブラック部活動

1 ブラック部活動の出現

変わらない日本のスポーツを象徴するのがブラック部活動です。ブラック部活動に関する問題は、2013～2015年頃からメディアやネットで目にするようになりました。その火付け役となったのは、「公立中学校　部活動の顧問制度は絶対に違法だ!!（http://bukatsu1234.blog.jp/）」や「部活動問題対策プロジェクト（http://bukatsumondai.g2.xrea.com/）」などのオンラインサイトでした。そこでは、ボランティア残業を強いられる教員、参加する・しないの選択権がないまま威圧的な指導を受ける生徒のみならず、保護者や教員の家族など、部活動に間接的にかかわる人たちの悲痛な悩みや課題が報告されています。

この問題は、過酷な労働環境を強いる企業をさす言葉としてすでに「ブラック企業」という名称が定着していたことにならい、「ブラック部活動」問題と呼ばれるようになりました。その後、このブラック部活動については、2018年に厚生労働省が主導する働き方改革関連法が成立し、その後のいわゆる「働き方改革」にシンクロする形で教員の過重労働の側面がことさらに強調されるようになっています。

2020年にはスポーツ庁が示した「学校の働き方改革を踏まえた部活動改革」のなかで、運動部活動を学校から地域へ移行する方針が打ち出され、運動部活動の改革は教員の働き方改革の象徴的な対策としてみなされるようになりました。極端に言えば、教員の働き方改革の主たる手段が、運動部活動の改革のように捉えられるようになってきたのです。運動部活動の改革は教員の負担軽減であり、労務環境にかかわる問題。しかし、本当にそれでいいのでしょうか。

2 運動部活動の改革が働き方改革でよいのか。

(1) スポーツ庁が推進する対策

運動部活動にかかわる諸問題に対して、2017年学校教育法施行規則が一部改正され、主に生徒への技術指導を担う外部指導者と異なり、教員に代わって指導・引率まで行える「部活動指導員」が制度化されました。また、2020年には、スポーツ庁が「働き方改革を踏まえた部活動改革について」を発表し、運動部活動を2023年度以降段階的に地域に移行するという方向性を示しています。

これを受けて、2022年12月にはスポーツ庁・文化庁が「学校部活動及び新たな地域クラブ活動の在り方等に関する総合的なガイドライン」を発表しました。このガイドラインでは、2023年度から2025年度までの3年間を改革推進期間とし、達成時期は示さず地域の実情に応じて可能な限り早期に地域移行を実現するという方針を提示しています。

これらのスポーツ庁を中心とした矢継ぎ早に繰り出された対策は、ブラック部活動に対する教員の過重労働の軽減を叫ぶ声に呼応するものと理解されました。つまり、運動部活動の改革はすでに社会課題となっている働き方改革の一環であるという認識が社会に広まったのです。

(2) 部活動改革は「働き方改革」のスケープゴート

しかし、運動部にかかわる課題は、教員の過重労働を軽減すれば解決するという単純な問題ではありません。

先に、新型コロナ感染症が、日本のスポーツが競技大会至上主義にとらわれた単線型スポーツであること、そして、学校に過剰依存した托卵型育成モデルであることを白日の下にさらしたと述べました。このようなスポーツ構造のひずみが、運動部活動にかかわる課題に集約されて噴出していると言えるでしょう。現在の運動部活動に集約された問題は、日本のスポーツ活動のあり方そのものにかかわるジレンマであり、その一部が教員の働き方にかかわることとして顕在化しているのです。

例えば、若者に流行しているスケートボードのように、あるいは、草野球や草サッカーのように、学校の運動部活動が余暇の自由な遊びとしてスポーツ活動を行うものであるならば、教員に技術指導が要請されることはないでしょう。部活動が実質、競技スポーツの普及・強化の場となっているから、専門外の教員が苦労をしてコーチをしなければならないのです。

また、スポーツが教育ための手段として純粋に扱われているだけならば、教員が休日を犠牲にしてまで競技スポーツの大会に生徒を引率するなどあるはずもありません。もちろん、勝つためのパワハラや暴力的指導も激減するでしょう。このように、中学校という教育の場が実質的に競技スポーツの底辺になっているという矛盾が、このようなこんがらがった状況を引き起こしています。

しかし、現在の運動部活動の改革は、このような日本のスポーツ活動の改革にはまったく触れていません。運動部活動さえ学校からなくせば教員の過剰な業務はなくなり、それがすべての問題解決につながるかのようにして進んでいます。まるで、部活動改革は働き方改革の進展を示すスケープゴートのようです。

再度申し上げますが、運動部活動のさまざまな問題は日本のスポーツ活動の構造にかかわるひずみです。働き方改革のために、運動部活動改革があるのではなく、運動部活動をよりよきものにするために教員の働き方改革も必要なのです。この順序を間違えてはならないと思います。

3 運動部の危機と日本のスポーツ

(1) 運動部活動の構造の問題

図3-1は、筆者らが整理した、近年の運動部活動問題の構造をあらわすものです。大きな背景として四つのことがらがあげられます。最も直接的なものは、少子化による教員数の減少や学校規模の縮小です。中学校では、生徒数が減少したにもかかわらず、運動部活動の数は減っていません。必然的に、一つの部に所属する人数は少なくなります。人数がそろわずに活動そのものが成立しない部もでてきます。

また、生徒数の減にともなって教員の数も減らされていますので、当然、先生一人ひとりの負担は重くなってきています。一人で複数種目の部の顧問を掛け持ちすることも珍しくありません。

そのため、学校としては人数的に成立しなくなった部を活動停止や廃部にして部活動の数を精選しようとするのですが、あくまでもそれは人数がそろわなくて活動が成立しなくなっただけです。その種目をやりたい生徒がいなくなるというわけでありません。活動の場を失う生徒や保護者は、活動停止や廃部に強く抵抗するでしょう。なかにはその種目の普及に危機感を感じた地域の競技団体が強硬に抗議して、学校との関係が大きくこじれるといった事象も珍しくありませ

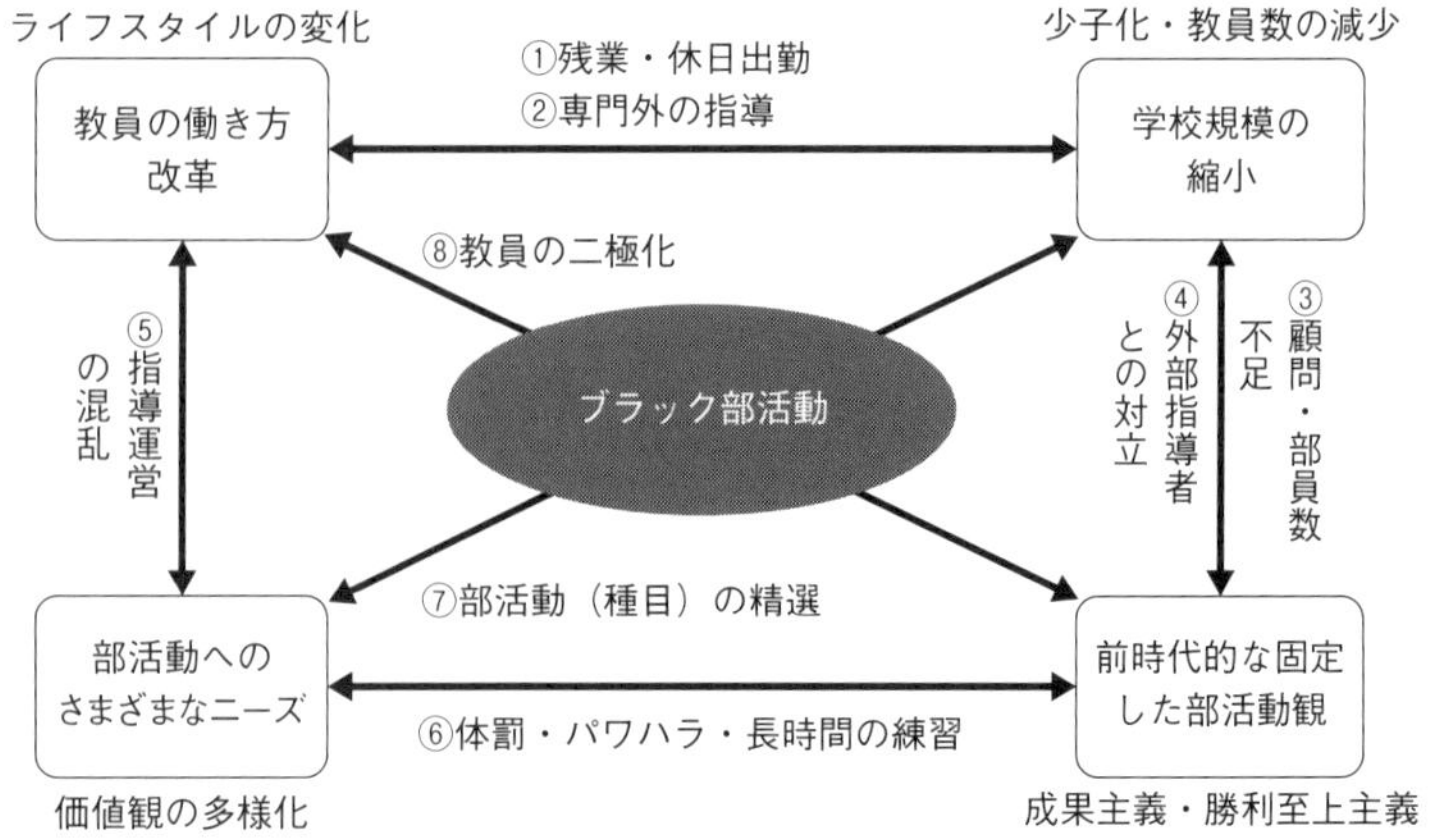

図 3-1　近年の運動部活動問題の構造

出所）有山篤利・中須賀巧・森田啓之・伊藤功二（2023）「保護者・生徒・教員が期待する運動部活動の役割 ── T 市における意識調査より ──」『日本部活動学会研究紀要』5、pp.15-26 より抜粋。

ん。

また、このような運動部活動の実態とはまったく逆行するように、今、世間では働き改革を推進する動きや、それをよしとする価値観が広まっています。ここでも、現実と理想の大きな乖離が起こっています。スポーツ活動に対する価値観も多様化しています。楽しくゆるやかな活動を求める価値観も広がってきており、趣味としてスポーツを楽しみたい生徒や緩やかな指導を希望する保護者も増えてきました。しかし、一方で部活動に対して競技の高度化を強く求める生徒や保護者が、今もなお多数存在するのも事実です。その声に応える形で従来どおりの成果主義的な価値観を重視する指導者も多く、熱心に指導する姿にエールを送る声も無視できません。

このような矛盾は、不幸なことに学校の中にもみられます。学校では、運動部活動の指導を負担に感じ忌避したい思いと、その教育的意義を積極的に肯定してこれまでどおりの指導を継続したいという矛盾した思いが交錯し、教員間に大きな溝が出来ている実態もみられるのです。

(2) 危うい日本のスポーツ

このように、今、運動部活動をめぐっては、さまざまな背景が絡み合い、それらが生み出す相容れない要素ががんじがらめに対立しています。従来の運動部活動は、身動きがとれないような状況に陥ってるのです。

ここでしっかり押さえておくべき事、それは、この問題が少子化という物理的な問題がトリガーになっているということです。それは、中学校ごとに設置する運動部では規模が小さすぎて、これまでのように競技スポーツの単位として機能しなくなったことを意味します。活動を維持するだけの子どもが物理的に存在しないのですから、この課題を解決するには、その数を増やすしかない。それが、運動部活動をどうにかして解決できる問題でないことは言うまでもありません。学校は競技スポーツの単位としては小さすぎるのです。これは避けようのない物理的な問題です。

今、運動部活動の改革は、スポーツ庁の号令のもと部活動の地域移行という形で進められていますが、それは主に中学校の問題としてクローズアップされています。しかし、中学校の運動部活動で起こった機能不全がいずれ高校の運動部に波及するのは必然です。そして、多少の時間のズレはあっても、いずれその影響は大学の運動部にも及ぶことでしょう。

日本のスポーツの中核は、学校を基盤にした競技スポーツによって成り立っています。日本のスポーツは過度に学校に依存しているのです。そして、今、その単位である運動部活動がこのような危機を迎えています。このことを考えると、中学校運動部に端を発したスポーツの地殻変動は、いずれ日本のスポーツ界そのものを揺るがすことになりかねないと思います。運動部活動の改革を考えるためには、まず、このことを大前提にしておかなければなりません。

4 スポーツ活動に関するかみ合わない議論

(1) 運動部活動を構成する三つの立場と活動

運動部活動で行われるスポーツは多様な目的で実施されますが、それは大きく分けて三つの立場と活動から把握できます。三つの立場とは、教員、生徒、保護者です。この三つの立場の相互関係の中で活動は展開されます（**図3-2**）。

次に三つの活動ですが、日本ではスポーツと言えば、まず競技という側面で理解されています。少年や青壮年が行っているいわゆる競技スポーツで、大会で結果を残すことが究極の目的となります。

しかし、運動部の活動はそれだけではありません。卒業後もスポーツとかかわりながら豊かな余暇を築くための入り口という側面もあります。このような趣味としてのスポーツ活動では、大会での結果よりも、そこに至るまでのスポーツとともにある時間、つまりプロセスのなかに実践する価値が求められます。技を磨く、友と交流するなどの行為そのものに意味を求める活動です。

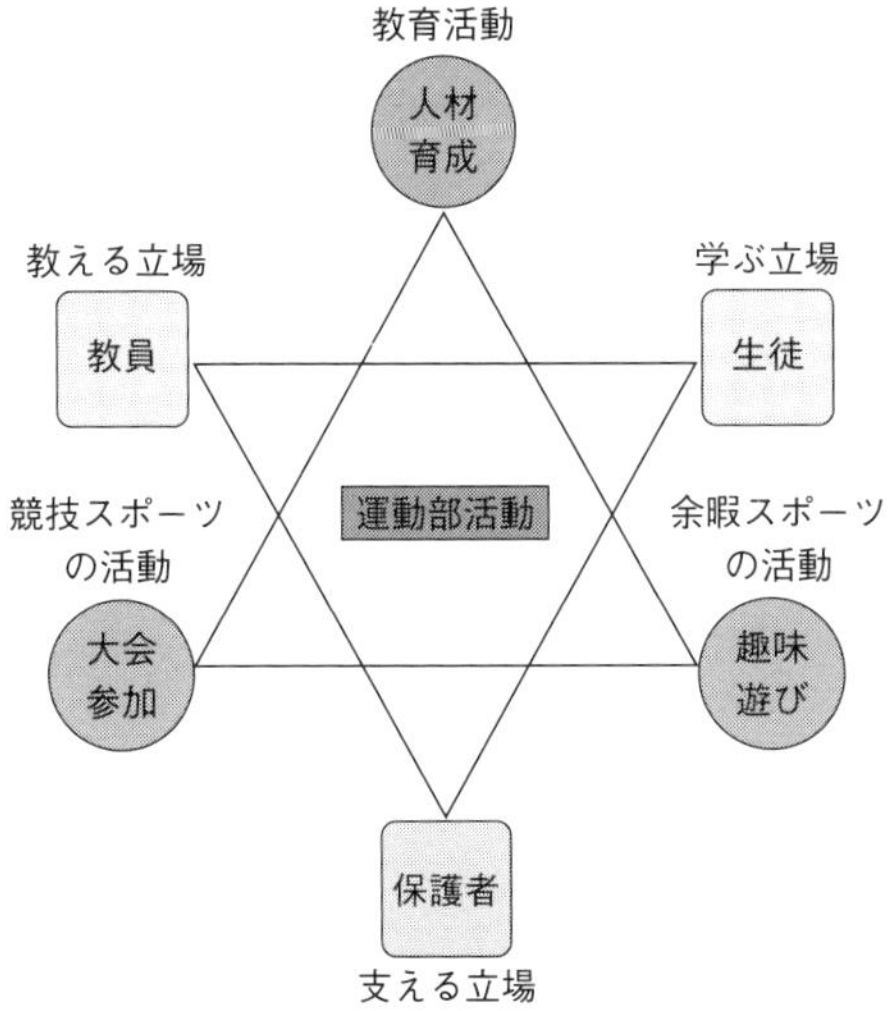

図 3-2　部活動を構成する三つの活動と三つの立場

出所）有山篤利・中須賀巧・森田啓之・伊藤功二（2023）「保護者・生徒・教員が期待する運動部活動の役割── T 市における意識調査より ──」『日本部活動学会研究紀要』5、pp.15-26 より抜粋。

また、この二つ以外にも、人格形成や身体能力向上など、スポーツに内在する教育的価値の獲得を目的にした活動もあります。学校で行われる体育授業はその典型ですが、運動部活動にも生徒指導としての役割や人間的成長が期待されています。

一般的に、日本の少年スポーツでは、これらの活動の区別が判然としないまま無自覚に提供されがちです。とりわけ運動部活動の場合、三つの側面が一体となった活動として指導されることがほとんどです。

(2) 出口の見えない議論

しかし、この三つの側面には純然たる違いがあります。例えば、競技としてかかわる場合、究極の目的は勝利の追求にありますが、余暇活動の場合、それはあくまでも手段となります。また、教育としてかかわる場合は、競技における勝利の追求が教育的価値と対立することさえあります。したがって、自分がどの活動としてスポーツにかかわろうとしているか整理できていないと、それぞれの側面が対立しジレンマに陥ることがよくあります。

例えば、指導者としてレギュラーを選ぶ場合、競技力を優先するか努力や姿勢を重んじるか選択を迫られる場面などはその典型例です。また、勝利の追求優先か楽しさ追求優先かで部員同士の溝ができる状況もよく見聞きします。したがって、今、私たちが直面している運動部活動の地域移行という問題についても、自分がどの活動を重視する立場に身を置いてスポーツにかかわろうとしているのか、きちんと自覚しておく必要があります。

しかし、運動部改革が目の前の働き方改革に直結してしまったために、スポーツとのかかわり方を区別・整理して考えようとする姿勢やその機会が失われてしまいました。その結果、運動部活動改革にかかわる論義で、意見が全くかみ合わない状況が見受けられるようになりました。同じスポーツ活動を語っているつもりでも、立場や状況によって想定しているかかわり方が異なっているために、多様な意見が堂々巡りするのです。そして、そのかみ合っていない状況そのものが認識されないまま、出口の見えない議論が続いています。

教員の働き方改革が課題解決のゴールとなることで、運動部活動の改革を今後の日本のスポーツ活動のあり方と関連させて考える機会が失われています。運動部活動はスポーツを通じた教育の場であるにもかかわらず、肝心のスポーツ活動のあり方について議論が全く深まらないのです。

働き方改革のための地域移行ありきで、その方法論ばかり検討するのではなく、まず、どの活動が学校にとって負担であり機能不全に陥っているのか、逆にどの活動は学校に残すべきかを考えねばなりません。学校にとって、この三つの活動がすべて不要であり、担えないものばかりと決めつけるのは早計かと思います。

災害などで大量の傷病者が出た場合、効果的な医療処置を行うために、緊急度や重症度によって優先順位を決めるトリアージ（傷病者の振り分け）という処置が行われます。現在の運動部活動の地域移行を巡る混乱は、まるで、適切なトリアージを行わずに治療を行おうとして統制がとれなくなった災害現場のように見えるのは私だけでしょうか。

第4章 どうする部活動教育

1 スポーツはオンの活動？ オフの活動？

(1) 古い価値観のままの運動部

私たちの価値観は、プロダクト重視からプロセス重視に変化しつつあります。国民が共有する意識が変われば、スポーツへの期待も変わります。従来の競技スポーツのようにメダルや賞状などプロダクトの獲得に価値をおくスポーツよりも、スケートボードやサーフィンなど日々の生活を楽しくする、つまりプロセスを創造できる種目へと人気は移りつつあります。

しかし、運動部活動はどうでしょうか。このようなパラダイムの変化に対応できていると言えるでしょうか。未だに、大会成績によって部の価値や生徒の能力、指導者の資質は評価され格付けされているのが現状です。

運動部活動の問題が急浮上してきたのは、何も運動部活動が変わったからではありません。時代が変わったのに、運動部活動は変わらなかったから問題になっているのです。時代は変わったのに、運動部活動で行うスポーツの価値観はバブル以前のままです。教員の過重労働やパワハラ的指導など、今、話題となっている運動部活動にかかわる諸課題は、このような昔と現在の価値観のズレや矛盾を土台にして生じています。そして、これらの課題解決に混乱を生じさせています。

(2) スポーツをしないのがオフ？

その矛盾を端的にあらわす興味深い言葉があります。実はこの言葉は、私の大学の講義で1年生の学生が指摘したものです。彼女はこのように言いました。

「ヨーロッパではスポーツをするのがオフ（休息）の時間ですよね。でも、日本では（部活で）スポーツをしない時間をオフと言っています。」

少し言葉を補足していますが、内容はそのものズバリです。この言葉には、日本のスポーツの矛盾が集約されています。スポーツはイギリスにおいて上流階級の娯楽として生まれ、ドイツの例に見られるように、今でも地域のクラブにおいて豊かなオフ（休息）を過ごすための活動として親しまれています。しかし、日本ではどうでしょうか。

部活動がないとき、すなわちスポーツをしないときを指導者はオフと呼びます。生徒も先生も、スポーツをしない日が休みです。そして、学校教育の節目、つまり中学3年や高校3年では引退といってスポーツから離脱しますが、すると、生徒は一様にほっとすると言います。スポーツ活動から解放されるのを喜ぶのです。

日本では、スポーツ活動というのは常に緊張を強いられる時間であり、スイッチオンの時間です。指導者から課せられた辛い修行であり、金メダルを目指す義務的で強制された時間がスポーツ活動なのです。このようなスポーツ活動が、先に指摘したプロセスを重視する時代にそぐわないのは言うまでもありません。日々の安息を得るどころか、緊張を強いられるのがスポーツなのです。

だからこそ、教員にとっても生徒にとっても運動部活動は大きな負担です。そして、学校と地域はその辛い時間の負担を巡って押し付け合いを繰り返しています。プロセスの時代に求められる運動部活動とは何か、学生が放った言葉をよくかみしめる必要があるではないでしょうか。

(3) 体育の先生は部活動の先生

日本の中・高の運動部活動は、ほぼすべてオンの活動です。スポーツをオフの時間としてやっている部活動は本当に少数だと思います。それが日本のスポーツの歴史に由来するのは先に述べた通りですが、もう一点、体育教員の養成のあり方もその一因になっているようです。

体育の先生になるためには、教育の専門家として必要な学修に加え、スポーツや運動を教育として展開するための幅広い知識や技能が必要です。「スポーツがうまい」「高い競技成績がある」だけではだめなのは周知のことです。

ところが、教員採用試験の面接で、「なぜ体育の先生になりたいのですか」と問うと、返ってくる答えの多くが、「自分のやっていた競技を教えたい」というものです。「体育という教科が好きなので」とか、「素晴らしい体育の授業をしたいので」という答えは聞いたことがありません。つまり、ほとんどの体育教員のモチベーションは、体育授業としての運動・スポーツ指導ではなくて部活動での競技指導なのです。

ですので、多くの体育教員志望学生が夢中になるのは、授業力の向上ではなくて競技力の向上です。それは、イコール競技という視点でしかスポーツを見ていないということです。つまり、オンの活動しか眼中にないのです。

そんなバカなことが許されるのかと思われるかもしれません。でも日本では、昔から体育＝スポーツであって、そのスポーツは実質的に競技を意味していました。体育協会、体育館、国民体育大会……これらの体育はみなスポーツの意味ですよね。だから、部活動で競技スポーツに打ち込むことが体育の勉強だと学生は漠然と思っていますし、世間一般の感覚としても違和感はないと思います。

また、体育を専攻する学生が所属する部活動は多くが体育会所属の運動部で、同好会やサークル所属の人は少ないのが実情です。そこで、競技レベルの向上＝体育の勉強という図式が成立してしまいます。そこには趣味や余暇としてのオフのスポーツが入る余地はありません。むしろ、そういったゆるいスポーツ実践は低く見られがちです。

また、このように多くの体育志望学生が部活動でのスポーツ指導を志しているのに、体育の免許を取得するためのカリキュラムには部活動指導の科目が置かれていません。ブラック部活動が話題になり、先進的な大学では部活動に関する科目を自主的に設置するところも出てきましたが、多くの大学ではまだ未整備のままです。つまり、学生はきちっとした教育活動としての部活動に関する指導は受けていません。スポーツをオフの時間として活用する重要性や意義などを実感する機会は、ほぼないのが実情です。

2 運動部活動って何をするところ？

(1) スポーツとWell-being

近年、Well-beingと言う言葉をよく耳にします。ＷＨＯ（世界保健機構によると「すべてが満たされた状態」を意味し、身体的にも精神的にも社会的にも充足された生活状況を意味する言葉として用いられています。スポーツとは、本来このような充実した生活を送るためのツールであり、現にドイツを初めヨーロッパでは今もその機能を果たしています。

しかし、日本のスポーツ活動の基盤となっている運動部活動はどうでしょうか。メダルや賞状を獲得するために、自らの自由時間を削りながら、ひたすら我慢と涙ぐましい努力を強いられる時間になっています。先の学生が指摘したように、日本の運動部活動はスポーツ本来の姿とは異なる。緊張を強いられる辛い活動になりがちなのです。そして、そのことに、誰も違和感を抱いていません。

もちろん、大会での優勝など輝かしい成果を得たときの達成感や、全力を尽くす爽快感などを否定するつもりはありません。そして、それがスポーツの重要な価値の一つであることも事実です。しかし、それがすべてではありません。スポーツはオンの活動としてもできますが、本来は趣味や余暇に行うオフの活動です。

運動部活動が教員にとっても生徒にとっても、心地よい日々を過ごすための活動となっていない。だからこそ、ブラック部活動という言葉が生まれ、部活動改革が教員の働き方改革にダイレクトに結び付いてしまうのです。

(2) スポーツ庁のガイドラインの矛盾

２０１８年にスポーツ庁は、教員の過重負担や生徒のブラックな活動状況等に対応するために、運動部活動の適切なあり方を示したガイドラインを示しました。「運動部活動のあり方に関する総合的なガイドライン」と言います。このガイドラインによって、顧問に代わって大会への引率が可能な「部活動指導員」の配置の推進や、平日や土日の活動時間制限が具体的に示されたことは記憶に新しいところです。

このガイドラインの前文や趣旨を記載した部分には、運動部活動が「豊かなスポーツライフを実現するための資質・能力の育成を図る」ために行われる教育活動であることが明記されています。これは、運動部活動がスポーツを趣味として生活に取り入れ、充実した余暇を過ごすことのできる資質を育成する教育であることを謳ったものです。今風に言えば、スポーツを友とすることによってWell-beingを実現できる人を育てようと言うことです。時代に即した素晴らしい目標だと思います。

しかし、後半の具体的な取組みには何が明記されているでしょうか。「週あたり2日以上の休養日をとること」や「活動時間は、長くとも平日では2時間程度、学校の休業日は3時間程度」と示されているのです。何か矛盾を感じませんか。

冒頭の趣旨では、「楽しい休日を過ごすためにスポーツを取り入れましょう」と書いてあるのに、具体の取組みでは「スポーツ活動はブラックだから、活動を制限して休みましょう」と記されているのです。

冒頭のスポーツ活動は休息に資するものとして捉えられています。でも、後半のスポーツ活動は休息を阻害するものとして書かれている。スポーツ活動について前後で真逆の捉え方をしているのに、それがガイドラインとして一括りの文脈で書かれているのです。そして、このようなねじれに誰も気付いていない。

ガイドラインの冒頭で述べているスポーツは、余暇で行うオフのスポーツ活動です。そして後半で述べられているのは、オンの競技スポーツを想定しています。どちらも、スポーツ活動の一側面です。どちらかの捉え方が間違っているのではありません。異なるスポーツ活動が、一括りにされて、同じ文脈の中で混同されて使われているのがおかしいのです。

(3) 建て前と本音の違う運動部改革

ここでは、2018年にスポーツ庁の出したガイドラインを例にあげましたが、それは2022年にスポーツ庁と文化庁から出された「学校部活動及び新たな地域クラブ活動のあり方等に関する総合的なガイドライン」でも同様です。問題は、このねじれに誰も気付いていない点にあります。ここに、今回の運動部活動改革が迷走する根本的な要因の一つがあると思います。

ガイドラインの大きな目的は、プロセスの時代にふさわしいオフの時間に行う余暇スポーツを定着させることにあるのですが、行われる対策はプロダクトの時代に盛んだった競技スポーツの改善策にすり替わってしまっています。目的とそれを実現する策が、全く対応していないのです。

2022年に示されたガイドラインでは、学校部活動の地域移行を「地域の実情に応じて可能な限り早期の実現を目指す」ことが明記されています。これからの運動部活動というのは、一体どちらをベースに進んでいくものなのでしょうか。学校やスポーツ関係者が、運動部活動改革を巡って混乱するのも無理ありません。

現代はプロセスの時代です。求められているのは、一番という結果（プロダクト）を得ることではなく、日々の生活（プロセス）の充実です。ならば、それに見合ったスポーツの行い方を学ぶ場として運動部活動を位置づけねばなりません。残念ながら、現在は、総論では日々の生活を豊かにするためのスポーツの充実が目的と宣言しながら、各論では勝敗を競う競技スポーツのための改善策を提示するというちぐはぐな運動部活動改革となっています。建て前はバブル以降のスポーツを語り、具体策はバブル以前のスポーツを踏襲するものとなっている。

どのように運動部活動を移行するのかを考える前に、運動部活動とは何を学ぶ場として期待されているのか、時代の価値観の移り変わりを踏まえてしっかり考える必要がありそうです。

3 運動部活動という教育の落とし穴

(1) 運動部と文化部を比較してみる

今後の運動部活動のあり方を考えるために、文化部との比較を交えながらその学びの裏に潜む落とし穴に目を向けてみたいと思います。なお、この章は私が勤務していた兵庫教育大学大学院の修士課程において行われた課題研究[1]を再編しています。

２０１８年にジャパン・ライジング・スター・プロジェクト（J-STARプロジェクト）[2]において

て、日本スポーツ協会が部活動に関するアンケート調査を実施しました。全国の中学校２００校（47都道府県×４校＋無作為に抽出した12校）を対象とした調査で、最終的に76校の中学校から回答があり、合計５９７３名の生徒のデータを得られました。質問は多岐にわたるのですが、その中から自由記述の回答を提供していただきました。以下は、大学院生とともに行った分析をまとめた結果です。

分析には、文章を単語ごとに分割し、出現頻度や相関関係を分析することで書かれた内容の文脈を読み取るテキストマイニングという手法を用いました。具体的にはKH Coderというフリーソフトを用い、共起ネットワーク図[3]を作成して、単語同士のつながりを可視化して書かれた内容を整理しました。

質問は２問あります。１問目は「あなたが部活動で学んだことはなんですか」という内容です。２問目は「あなたにとって理想の部活動を教えてください」というものです。この二つの質問をそれぞれ、運動部と文化部に分けて分析してみたところ、興味深い結果が得られました。

1　伊藤功二（２０２０）「部活動の教育的役割の検討――実態調査から見える実像――」兵庫教育大学大学院修士論文。
2　スポーツ庁、日本スポーツ振興センター、日本スポーツ協会、日本オリンピック委員会、日本パラスポーツ協会、日本パラリンピック委員会が、中央競技団体と連携して行っている未来のトップアスリート発掘事業。
3　単語同士の共通性やつながりを相関図として可視化することによって、テキストデータの内容や文脈を把握する手法。

(2) 部活動で学んだこと

1問目の「部活動で学んだこと」についての分析です。共起ネットワーク図は**図4-1、4-2**です。

丸が大きいほど頻出する語になります。同じ色のグループはひとまとまりの文として出てくる語群、実線や点線は関連性の強い語として読んでみてください。

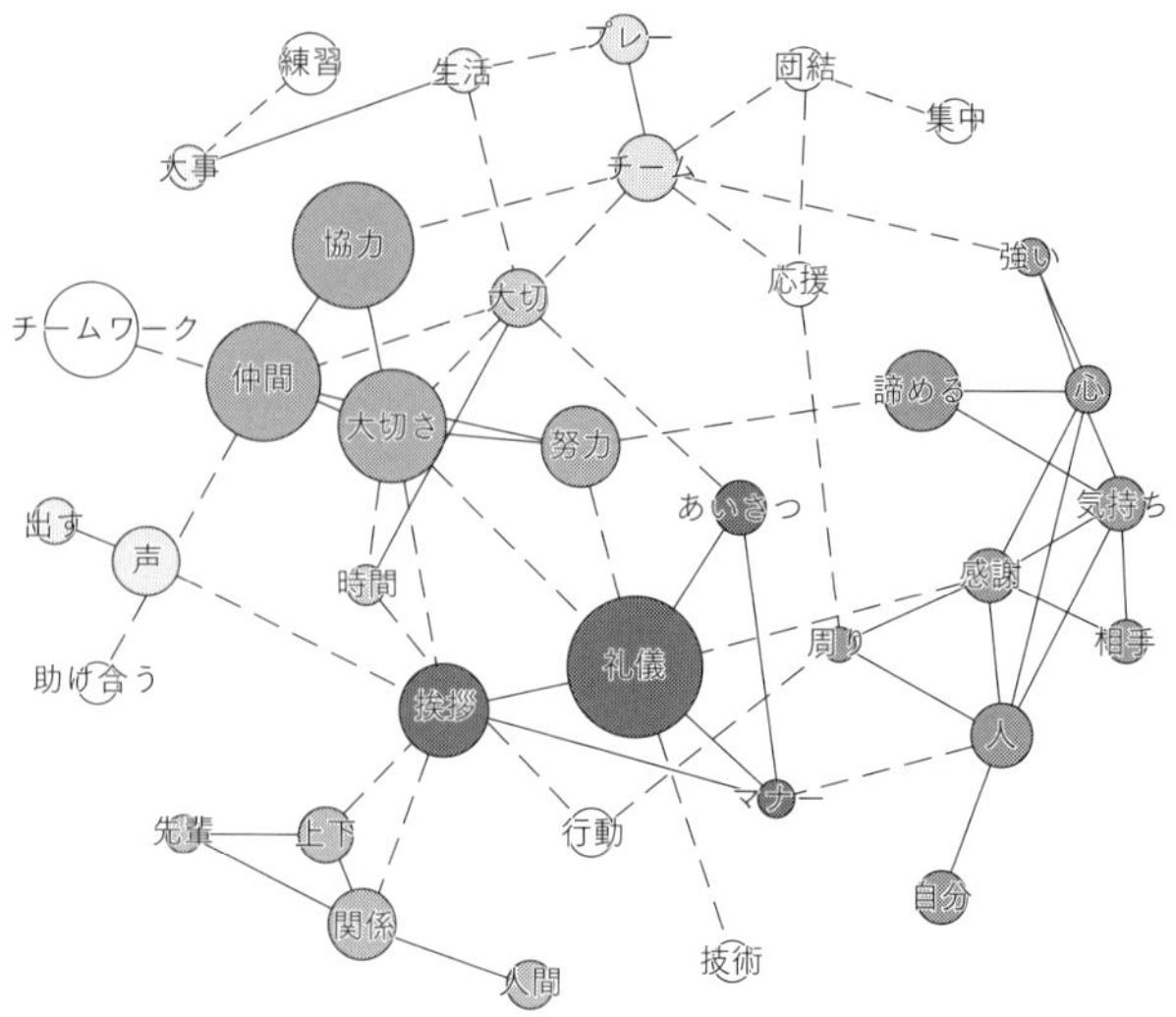

図4-1　部活動で学んだこと（中学校運動部）

出所）図4-1～4-4　伊藤功二（2020）「部活動の教育的役割の検討――実態調査から見える実像」兵庫教育大学大学院修士論文。

運動部、文化部ともに一番に目につくのが「仲間との協力の大切さ」です。部活動が人間関係を学ぶのに重要な役割を果たしているのがよくわかります。しかし、よく見ると、運動部と文化部で異なる点も多くあります。気になる点をあげてみましょう。

まず、文化部では「作品」を中心に、「楽しい」や「楽しむ」と言う語が出て

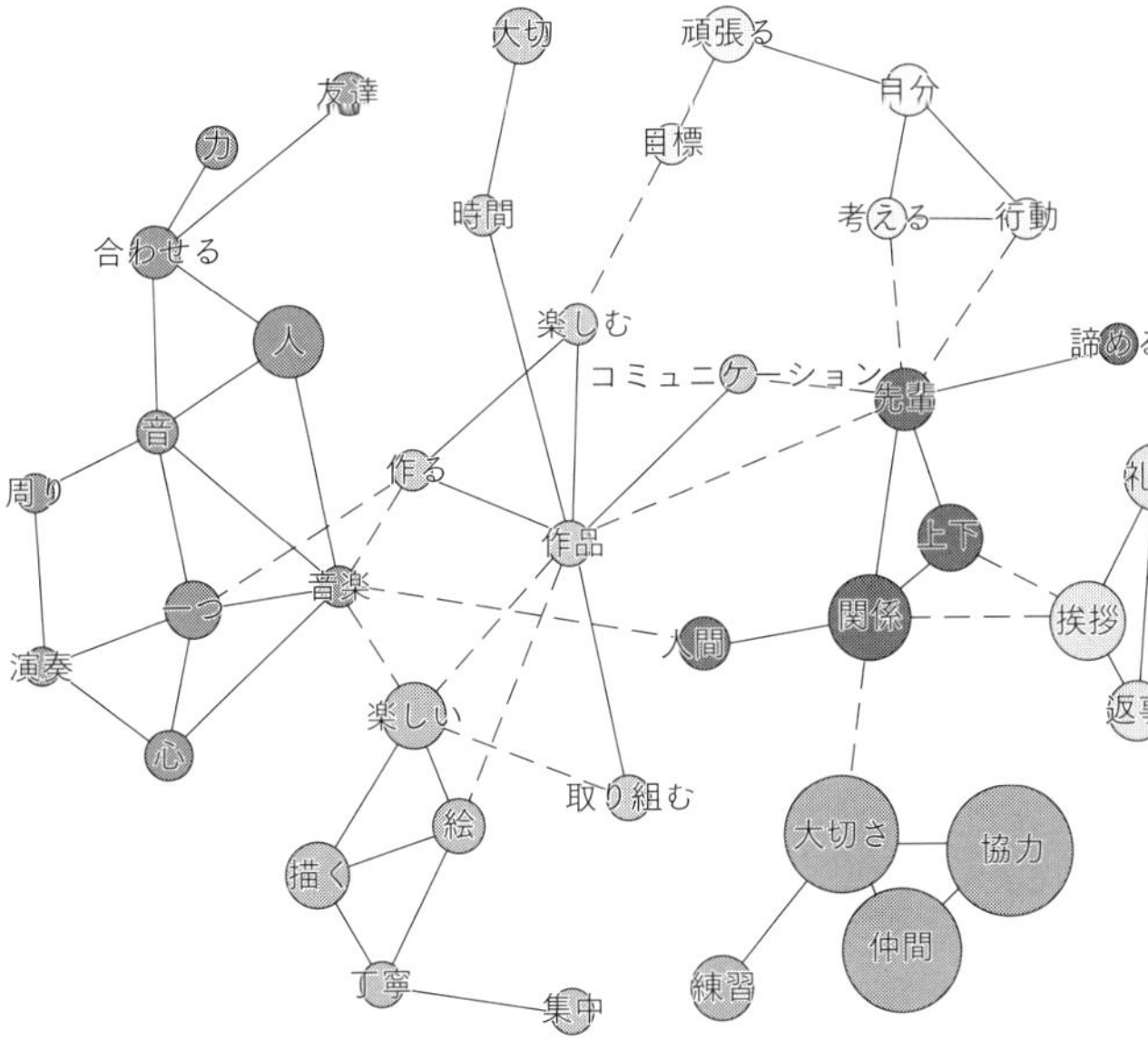

図 4-2　部活動で学んだこと（中学校文化部）

くるのに、運動部ではこれらの語が全く出てきません。運動部の生徒は、「スポーツの楽しさ」は学んでいないようです。

「スポーツの楽しさ」は、豊かなスポーツライフを築くためのモチベーションとなるものです。それに比べて文化部は、作品づくりや音楽の楽しさをしっかり学んでいます。将来の生活を豊かにするのはどちらでしょうか。

そして、運動部で何より目立つのは、「礼儀・挨拶」です。文化部でも少なくはないのですが、運動部の頻出度は大変目立ちます。

もちろん礼儀正しいのはよいことですが、気になるのは運動部の「上下関係」が、この「礼儀・挨拶」だけに結び付いている点です。文化部も「上下関係」は「礼儀・挨拶」に結び付きますが、そのほかにも「仲間や協力の大切さ」や「作品」づくりや「コミュニケーション」など望ましい行動に結び付いています。

これを素直に読むなら、運動部の先輩後輩はただ「挨拶をする」だけの関係だと言うことです。悪く言えば、運動部員は、先輩に「ペコペコする」上下関係しか学んでいないということになります。なんて貧しい関係なのでしょう。日本のいわゆる体育会系の悪しき文化が如実にあらわれているようです。また、「声を出す」ことを学んだと言う語群もありますが、体育会系らしいですね。思わず笑ってしまいました。

意外なのは吹奏楽部です。おそらく、左上の音楽に関する語群が吹奏楽部員のものでしょう。この分析からは、音楽を核に仲間と活動を楽しむ様子がうかがえます。吹奏楽部は運動部にそっくりと言われますが、見た目は似ていてもかなり活動の質は違うようです。

(3) 理想の部活動とは

次に、**図4-3、4-4**の「理想の部活動」について見てみましょう。まず、目につくのは、運動部、文化部ともに「楽しい」という語です。やはり、楽しい活動というのが、生徒にとって理想であることがわかります。ただ、その「楽しい」の向かう先が両者でやや異なるのかもしれません。

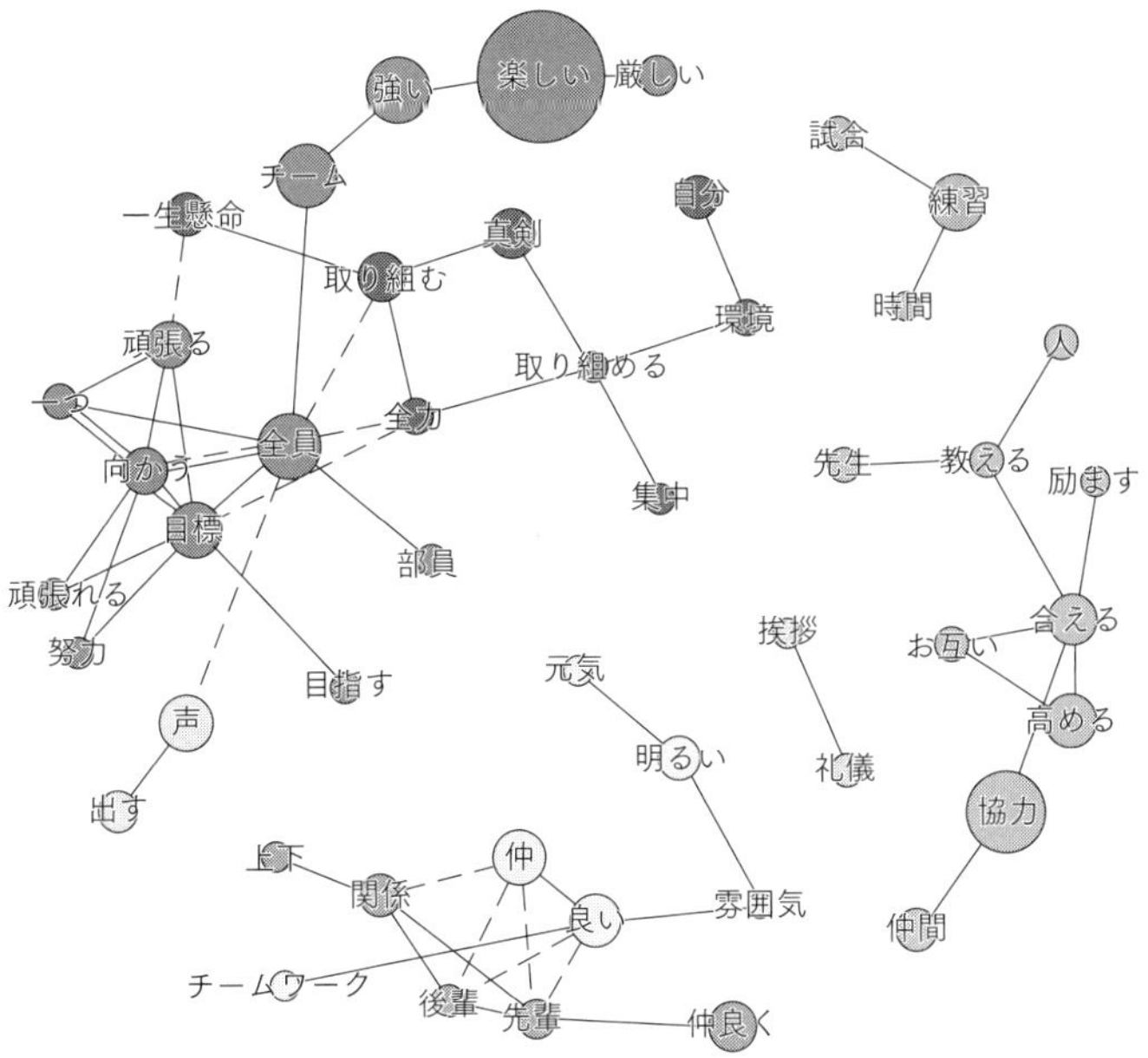

図 4-3　理想の部活動（中学校運動部）

運動部は「厳しいけれど楽しくて強い」部や「全員で目標に向かって頑張れる」部が理想であり、どちらかというと勝利という目標へ向かうことに楽しさが結び付く傾向にあります。それに対して、文化部は「明るい笑顔」や「部員や先輩」など仲間との交流に矢印が向くようです。運動部のストイックさとともに、その成果主義的な性格が象徴的です。

先に、現代はプロダクトからプロセスの時代に突入したと述べました。運動部と文化部、どちらが今の時代にフィットした活動なのか考えさせられる結果です。

また、「理想の部活動」の比較でより特徴的な傾向は、運動部の語群

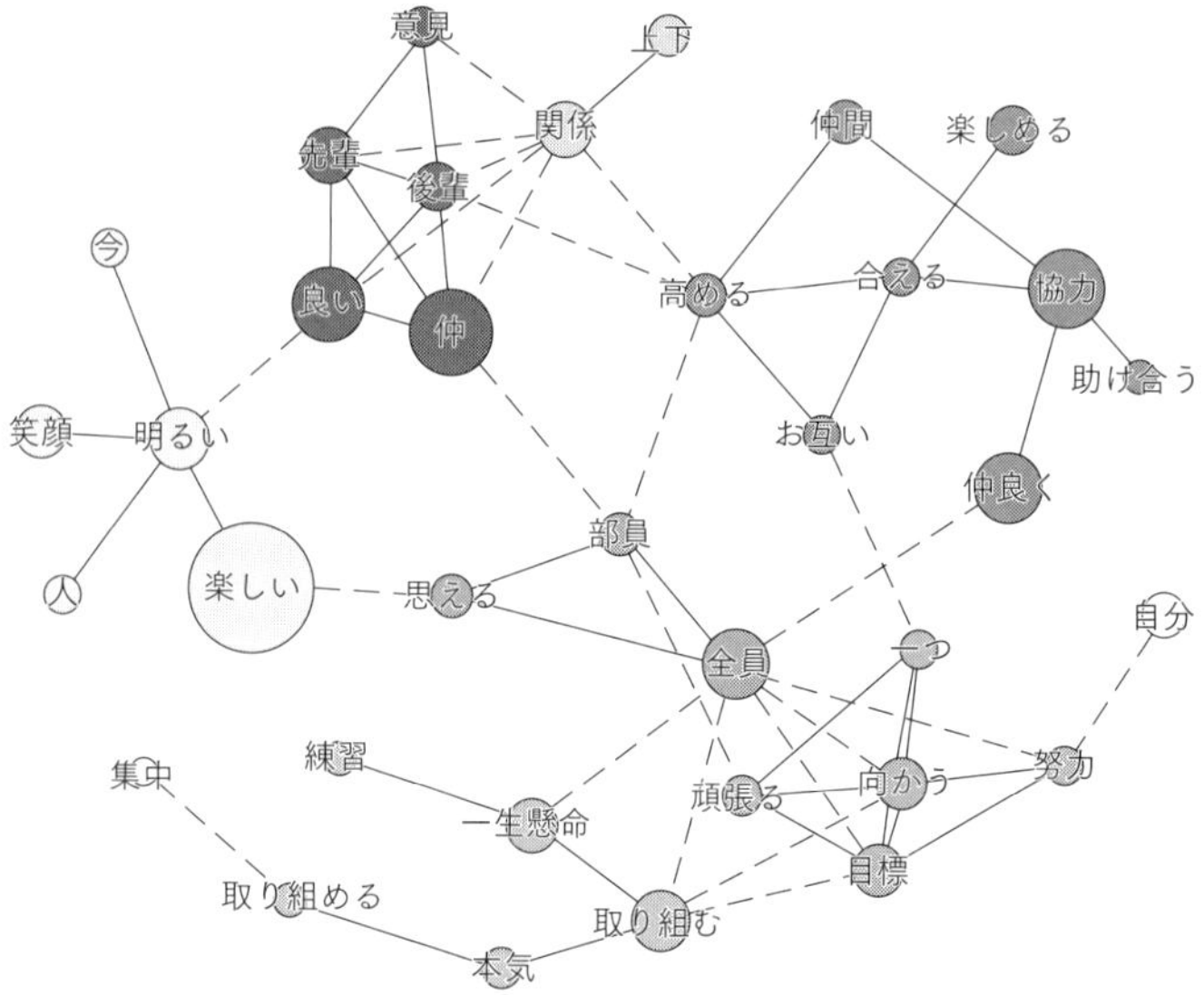

図 4-4　理想の部活動（中学校文化部）

が大きく三つに分断されている点です。最も大きな群は、おおよそ「全員で目標に向かって真剣に取り組む部活動」という文脈です。おそらく、目標とは大会での優勝と予測できますので、この群を「競技活動志向群」と名付けておきます。

二つ目の群は、おおよそ「仲間と協力しながら高め合える部活動」という文脈が読み取れます。仲間を大切にしながら、お互いを成長させる教育として部活動を捉える誠実な姿が目に浮かびます。この群を「教育活動志向群」としておきましょう。

三つ目の群は、おおよそ「先輩後輩が仲良く明るい雰囲気の部活動」という文脈が読み取れます。仲間と楽しくスポーツをすることを理想とする姿が想定できますので、「趣味的活動志向群」と仮に名付けておきます。

いかがでしょう。これら3群は、「第3章第4節　スポーツ活動に関するかみ合わない議論」で示した、部活動を構成する三つの活動と見事に対応しています。

(4)「勝ちたい人」「学びたい人」「遊びたい人」

そして、ここで読み取れる問題は、この3群の理想が全くつながらないという点にあります。私たちは運動部を一括りの活動として理解していますが、その中身は三つの異なるスポーツ活動を志向している生徒で構成されているのです。平たく言うと、運動部には「勝ちたい人」と「学びたい人」と「遊びたい人」が混在しているのです。

より具体的な姿で言うなら、競技活動志向群は「レギュラーで活躍する熱い部員」、教育活動志向群は「レギュラーにはなれなくても真面目に活動する部員」、趣味的活動志向群は「楽しめればそれでいいゆるーい部員」と言いかえてもよいかもしれません。そして、この三者がつながらない、つまり分断されている可能性があるのです。もう少し、マクロな視点で見れば、私学の強化部、公立の熱心な部、公立の同好会的な部のような仕分けになるでしょうか。おそらく、教員の部活動に対する考え方も、この三つに分断されていると思います。運動部活動の現状に対する不満は、この趣味的活動志向群の生徒や教員のものかもしれません。

これに対して、文化部は「部員全員」、「楽しく」を中心に多様な理想がうまくつながっています。運動部と文化部の質の違いが顕著に表れています。

ここまで、運動部活動が抱える矛盾や課題を見てきましたが、運動部活動の地域移行が混乱する背景が垣間見えたような気がします。運動部活動の時代にそぐわない成果主義、三つに分断された活動という実態を無視して、活動の場を学校外に移す方法ばかり模索するという大雑把な対応が混乱を生んでいるのではないでしょうか。

最後になりますが、今、文化庁の方針では文化部も運動部同様に地域移行という策がとられようとしています。しかし、少なくとも生徒の姿をこの分析から見るかぎり、文化部を運動部と同列に扱うのには大きな違和感を覚えます。教員の働き方改革という理由だけで、文化部の活動を学校から移行してよいのでしょうか。私には、生徒の落胆した姿が見えるような気がします。

4 運動部活動の地域移行の是非

(1) 地域移行という矛盾が生む対立

2022年12月にスポーツ庁・文化庁が示したガイドラインにおいて、2023年度から地域の実情に応じて部活動を地域に移行する方針が明言されました。このガイドラインについては、案の段階では2023～2025年度までの3年間を改革集中期間として、地域移行を一気に推し進める計画でした。

しかし、パブリックコメントにおいて「性急すぎる」、「3年間では無理」などの現実的な意見が続出したため、（言葉遊びの感もありますが）3年間を改革推進期間に名称変更し、達成時期は示さず可能な限り早期に地域移行を実現するというややトーンダウンした方針に落ち着きました。いずれにせよ、この「地域移行」という策は、教員の運動部活動指導の負担軽減をはかるための既定路線となっています。

しかし、この「地域移行」という言葉は矛盾をはらんでいます。この言葉は、学校は地域の外にある存在、あるいは地域社会から遊離した存在という前提で成り立っています。しかし、現実には学校も地域を構成する一部のはずです。地域にある学校の部活動を、地域に移すとはどういうことなのでしょう。学校は「地域」と別世界の存在ではありません。

困ったことに、この学校と地域を対置させるという発想が、運動部改革について大きな誤解を生じさせてしまいました。地域移行が、「困っている学校を地域が助ける」という片務的な労務対策として理解されてしまったのです。そのため、学校と学校外との間で深刻な軋轢が生じています。

学校は「部活動を分担して欲しい」と要請する。これに対し、地域は「教員を助けるために私たちが無理するのか」と負担感を主張し、部活動を丸投げされることへの不安を訴える。行き着く先は、スポーツ活動の押し付け合いによる相互の負担感、不信感の増大です。そして、解決のための論点は、教員に代わって指導を担当する人材の確保と、それに見合う対価の捻出に終始するようになってしまいました。

運動部活動の改革が、教員の過重負担の軽減のためであるならば、負担を肩代わりさせられる学外のスポーツ関係者が当惑するのは当たり前ですし、モチベーションがかき立てられることはないでしょう。教員の問題は、学校内で解決して欲しいというのが本音ではないでしょうか。

(2)　地域移行を進める前に

また、今進められている地域移行という策には、部活動の主人公である生徒の事情は、どれほど反映されているでしょうか。これまで、学校はスポーツ活動の教育的側面に注目し、これを運動部活動という形で取り入れてきました。運動部活動は、単なる競技活動ではありません。将来の趣味や余暇を豊かに過ごすための入り口となる活動であり、生徒の成長を促す教育活動でもあります。先の運動部と文化部の比較に関する分析では、それが必ずしも達成できていない状況が明らかになりました。しかし、それは活動の質に問題があるのであって、部活動という教育が間違っているわけではありません。

もし、運動部活動が校外に移行すれば、これらのスポーツ活動が担ってきた役割を担うのは体育授業だけになります。本当にそれでよいのでしょうか。これら運動部活動として行ってきた競技スポーツの部分を校外に移すのは仕方ないことです。それは、少子化という物理的な問題があるからです。

しかし、教員の負担減という理由だけで、学校スポーツ活動が担うべき役割を放棄してはならないと思います。学校の限界を勘案しつつ、教員の負担減も実現しながら教育として運動部活動の内容を再編するのは不可能なことでしょうか。現場ではこのような根本的な議論は尽くせていないと思います。

今行わなければならないのは、拙速な先行事例をつくることよりも、このような土台づくりの作業です。教員のための片務的な労務対策として改革に手を付けるのではなく、教員の負担も考えながら生徒にとって必要な内容を精査すること。地域移行ありきではありません。部活動が今の時代にふさわしい教育としてその役割を果たすために、現状の「何を削り何を残すのか」、「どこを変えてどこを維持するのか」、根本的な議論をすべきだと思います。種をまく前に、畑は耕しておかねばならないのです。

(3)「食う」「寝る」「遊ぶ」に資する学校

話は少し変わりますが、「食う・寝る・遊ぶ」という言葉があります。私は、究極のところ、学校はこの「食う・寝る・遊ぶ」に資する力を身に付ける場所だと考えています。

「食う」とは社会構成する一員として生計を営む生活力、「寝る」とは仲間や家族とともに心地よい安息場所をつくる人間力、「遊ぶ」とは豊かで愉快な日々を過ごす文化創造力です。

これまでの学校は、主に「食う」ための生活力を身に付ける場所として設計されてきました。それは、プロダクト優先の時代には最適な教育であったと思います。人より優れた成果をあげ、多くの金を稼ぎ、たくさんモノを消費するのが理想とされた時代です。しかし、もうモノの時代が終わりました。Well-being が叫ばれ、生活の質（QOL：Quality of Life）が重視されるココロの時代です。それは、「寝る」はもちろんですが、豊かで愉快な生活を実現する「遊ぶ」力、文化創造力が問われる時代です。それは、言いかえれば「主体的」に遊ぶ力が、教育にも問われる時代になったことを意味します。

「主体的」というと、これまでの運動部活動でも育んできたと言われるかもしれません。しかし、私はこのことについては懐疑的です。「主体的」によく似た言葉に「自主的」というものがあります。しかし、両者は似て非なるものです。その違いは、自己決定権にあります。「主体的」に行動するためには、自己決定の力が問われます。しかし、「自主的」に動くだけなら、誰かの決定を「自主的」に遂行することはできるのです。

これまでの運動部活動はどうでしょうか。「うちは自主性を重んじています」とよく言われます。確かに、生徒は前向きに積極的に行動しているのです。しかし、その行動の枠組みは誰が決めているのかと言えば、顧問であり監督です。多くの生徒は、監督の決めたことを自主的にやっているのではありませんか。主体的と言うことは、活動の枠組みそのものを自己決定していなければなりません。言いかえれば0から1をつくる力です。ＡＩやオンラインが普及した現代に問われているのは、そういう力です。

スポーツ活動は、本来「主体的」な遊びです。今の時代に必要な主体的な生き方を学ぶには、格好の教材になり得るものです。それは、本質的に教師と生徒という上から下の関係がベースになる体育授業ではまかないきれないものだと思います。運動部活動は、今の時代に必要な教育だと私は信じています。

ただしそのためには、先に文化部との比較で明らかになったような、成果主義や形式的な上下関係に縛られた見せかけの「主体性」を身に付ける部活動を改革せねばならないのはいうまでもありません。そして、先の調査結果が如実に示しているように、それは競技スポーツという側面と密接に結び付いています。すでに、この競技スポーツは、少子化という理由によりすでに学校では担いきれないものになっています。

先に、「何を削り何を残すのか」を考える必要があると指摘しました。運動部活動で行われている「競技活動」「教育的活動」「趣味的活動」のうち、何を残し何を学校外に移行すべきなのか、見えてきたように思いませんか。

第5章 どうする運動部活動の地域移行

1 スポーツは習い事？

(1) 運動部活動を継続する意義

ここまで、現在の運動部活動改革が混乱する背景とそれを整理するための着眼点を探ってきました。そして、運動部活動が競技活動、教育的活動、趣味的活動という異なる三つの活動から成り立っており、そのすべてを学校外に委ねることが果たしてよいことなのか、疑問を投げかけました。

すでにお察しのことと思いますが、私はこれら三つの活動を全面移行するのは反対です。結論から言うと、競技スポーツは、少子化という物理的な要因がある以上、学外へ移行することはやむを得ませんが、教育や趣味的活動のスポーツについては話が別だと思っています。

現代は、Well-being という言葉に象徴されるように、いかに快適で充足感のある生活を築くかが問われる時代となっています。「モノ」から「ココロ」の時代へのパラダイムシフトです。必然的に、スポーツ活動の目的も競技大会での高成績から日々の生活を潤すことへ軸足が移りつつあります。成果を上げるために日々我慢と努力を重ねるスポーツよりも、快適な生活を築くことができるスポーツを選択する人が増えたということです。

2022年に策定された第3期スポーツ基本計画において、スポーツは『する』『みる』『ささえる』というさまざまな形での『自発的な』参画を通して、人々が感じる『楽しさ』や『喜び』に本質を持つもの」、と捉えられています。これは、「する」「みる」「ささえる」というさまざまなかかわり方のなかで、「楽しさ」や「喜び」を媒介としてWell-beingの達成を目指すことがスポーツという文化の本質であるという考え方です。ここに、余暇のスポーツを自発的に実践できる力を養う教育として、運動部活動を再編し継続する意義が集約されています。

(2) ボール遊びができない子どもたち

ここで注目して欲しいのが「自発的」という言葉です。運動部活動をはじめ、日本のスポーツは本当にスポーツ基本計画に示されたような自発的な活動になっているでしょうか。このことに関して、私は大きな課題意識をもっています。そのことを象徴する話を、ある総合型地域スポーツクラブの関係者の方から耳にしました。

あるとき、広いグラウンドに子どもたちを集めてボールを準備し、「自由に遊んでいいよ」と声をかけたそうです。ところが、いくら待ってもボール遊びが始まらなかったのです。そう、現代の子どもたちにとって、運動やスポーツは自発的に始めるものではなく、先生に指導してもらってやるものになっているのかもしれません。

もちろん、この時はたまたま消極的な子どもが集まった可能性もありますし、一事を持ってすべてを推し量るのは論理的ではないでしょう。しかし、子どもたちが近所で自由にスポーツをしている姿はほぼ見ることがなくなりました。昔は、空き地があればすぐに草野球やドッジボールなどが始まったものですが、今はそのような空き地はなく、公園ではボール遊び禁止、たまに空き地があっても安全重視で自由に解放されているところなど滅多にありません。自発的に運動やスポーツが始まる場所や機会はもうないのです。

また、それに加えて深刻なのは、日本のスポーツがほぼ「習い事」であるという現実です。それは、現在行われている青少年スポーツが競技スポーツの文脈で考えられていることと、ほぼ同義と言っていいでしょう。日本では、スポーツをする＝「教えてもらう」というイメージが本当に根強いと思います。とりわけ、運動部活動やスポーツ少年団など、組織的に行われる青少年のスポーツ活動はほぼ「習い事」です。必ず、コーチや監督がいて、そういう指導者の言う通りに自主的積極的に動くことがよいスポーツ活動なのです。そう考えると、余暇や趣味のスポーツがメインと考えられる総合型地域スポーツクラブのコンテンツも、指導者が用意されている「〇〇教室」、つまり「習い事」がほとんどではないでしょうか。

「質のよいスポーツ活動には、指導者が必要である」……これは、日本人に共有されたスポーツ観です。したがって、今話題の地域移行も含めスポーツ環境の整備となると、まず課題としてあがるのが指導者確保とその謝金の問題です。しかし、本当にスポーツ活動に指導者は絶対必要なのでしょうか。スポーツは習わないとできないのでしょうか。これからの運動部活動のあり方を考える際には、まず、そのことを疑って欲しいと思うのです。

(3) 趣味や余暇としてのスポーツ

趣味や余暇で行うスポーツを考えてみましょう。例えば、大人がやるゴルフ。「指導者がいないので、今日はゴルフに行けない」などと言うでしょうか。例えば、スキーやスノーボード、ボーリング、ジョギング、マラソン。先生がいないと始められないなどという話は聞いたことがありません。若者に人気のフットサル、バスケの3×3などの団体スポーツでも、謝金を準備できないからチームを組めないと言うでしょうか。

このように、スポーツを趣味や余暇でやるのなら、指導者や謝金は十分条件ではあっても必要条件ではありません。必要なのは、自ら進んでスポーツにアクセスし、自分の意思でやり方を決定し、自分に合った活動を創り出す「主体性」です。すでに見てきたように、今、時代が求めているのは、このような生活を豊かにするスポーツを主体的に実践する力です。

スポーツ庁が示しているガイドラインには、はっきりと、「豊かなスポーツライフを実現するため」に行われるのが運動部活動であると明記されています。今、求められているのは、スポーツを余暇として自発的に実践する姿勢や力です。それは、誰かに習わないとできないスポーツではなく、「主体的」なスポーツなのです。

日本では、「真剣にスポーツに取り組む」とは、修行のように競技スポーツに取り組むことであり、それは「習い事」でした。ゴルフやボードなど余暇で行う主体的なスポーツは、正統なスポーツから外れたいい加減な遊びと考えられがちです。しかし、ドイツをはじめ欧米では、余暇を楽しむ主体的な活動こそがスポーツの主流であり、競技スポーツもその延長上に描かれます。

トップスポーツであっても個人の主体的な意思によって行われる活動の延長ですから、たとえオリンピックで不本意な成績だったとしてもその結果は自分に帰すべき事柄です。「私が及ばなかった」、それ以上でもそれ以下でもありません。日本ではいかがでしょうか。私には、北京冬季オリンピックでジャンプ競技の高梨沙羅選手が国民に詫びる痛々しい姿が忘れられません。

2 競技スポーツ環境のスクラップ&ビルド

(1) 部活動改革のミッション

運動部活動は現代に必要なスポーツ教育であり、学校が担うべき責務があることを忘れてはなりません。昔のように成果が重視された時代は、競技スポーツがその格好の題材でした。しか

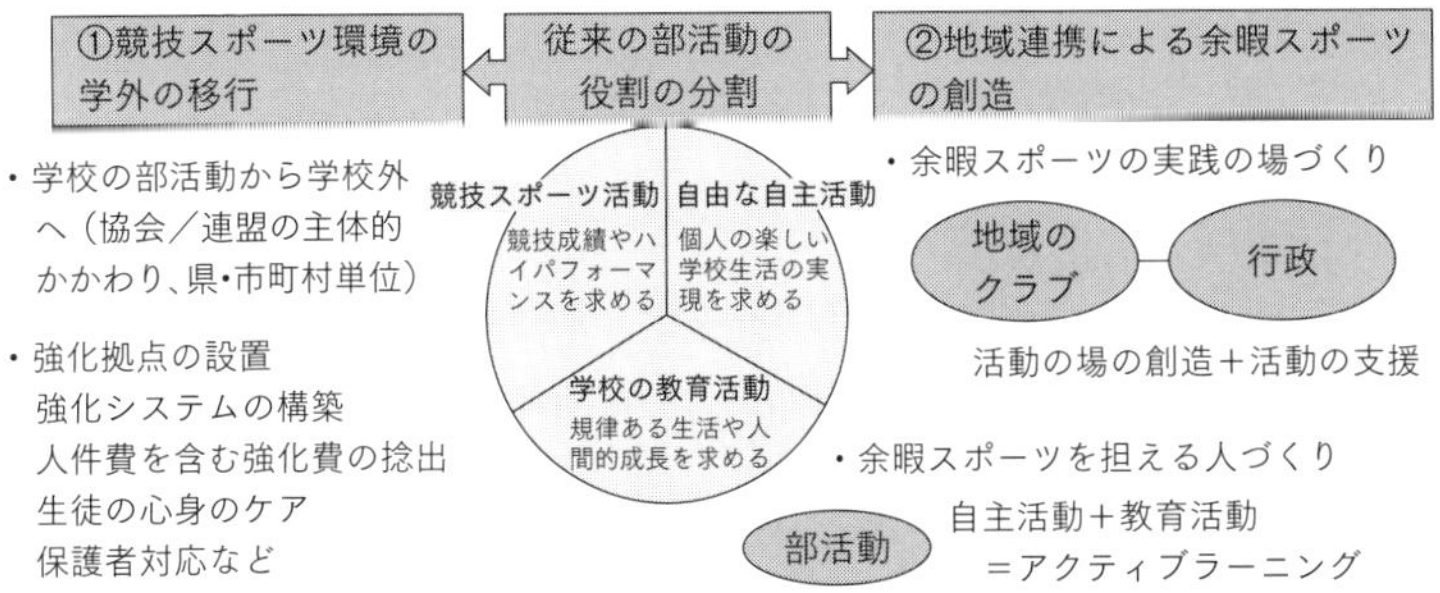

図 5-1　運動部活動改革の二つのミッション

出所）筆者作成。

し、Well-beingが重視される現代では、趣味や余暇を豊かにするスポーツがその教材としてふさわしいものになりつつあります。そう考えると、今、行われようとしている運動部活動改革のミッションは自ずと明らかになります。

ミッションは二つありますが、まず喫緊の課題は「競技スポーツ環境の学外移行」です。**図5-1**に示した①のミッションです。競技スポーツを学校教育の教材とする時代は終わりましたが、それは競技の高度化が不要になったということではありません。スポーツ文化の発展のためにも、「より速く、より高く、より強く」を目指す競技活動は欠かせないものです。

しかし、少子化が急激に進行する時代です。中学校はもう競技スポーツの単位として小さすぎます。運動部を維持しようにも、生徒がそろいません。また、運動部活動の内容が競技スポーツである以上、指導する顧問の先生にはコーチという役割が求められますが、専門技術を有した教員はもうそろいません。これは、物理的な問題ですからどうしようもないのです。ならば、学校外で競技スポーツをやる環境を構築するしかありません。

もちろん、合同運動部というのも可能ですが、生徒の移動や活動効率を考えると労力のわりにはコスパが悪い。また、部活動指導員や外部指導者の導入なども進められていますが、人材確保や指導費の確保など困難な問題が山積みです。それほどまで無理をして、それでも学校が競技スポーツの環境を整えるべきでしょうか。

落ち着いて考えてみてください。学校はあくまでも教育を本義とする場所です。たまたま、日本のスポーツが学校における競技活動として始まり、さらに、それが時代にマッチした教材として価値を認められてきたために、運動部活動＝競技スポーツという図式が違和感なく成立してきただけなのです。

本来、競技スポーツの普及や選手の育成・強化を担うのはそれぞれの競技団体です。先に、スポーツという外来文化を定着させるためには、学校教育という安定したシステムに乗せるのが最も効果的で手っ取り早かったと述べました。しかし、スポーツが日本に定着し、すでに100年以上が過ぎています。もう、そろそろ競技スポーツは本来の場所に戻すべきではありませんか。

(2) 競技団体の危機感の欠如

私は、今話題になっている「地域移行」の問題で、非常に気がかりになっていることがあります。それは、競技スポーツを統括する団体の反応の鈍さです。種目の普及や選手の育成は、「運動部活動の活性化」という名のもと、いまだに学校任せになっていないでしょうか。そして、競技団体の現実的な活動内容は、「競技大会の運営」であり、補足的に「資格取得の連絡」や「競技・指導者登録」が行われているだけではありませんか。これは、地方に行くほどその傾向が強いと思います。

しかし、何度も申し上げますが、学校はもう競技スポーツの普及や育成を担えないのです。教員はもう手一杯です。ならば、競技団体が本来の役割を果たせるような制度設計が必要です。おそらく、それは市町村という単位では小さすぎるでしょう。少なくとも都道府県単位での取組みになると思います。このような話をすると、「うちの協会では無理」と鼻から否定されるのは目に見えています。しかし、あえて申し上げたいと思います。身もふたもない言い方になり申し訳ないのですが、無理ならば当該地域での種目の普及や活性化はあきらめてください。もう、そのような時代なのです。

私は以前、ある学生に「今の部活動が地域移行したら、君はスポーツをやりますか」という質問をしました。彼はこのように言いました。「部活を地域で!? 誰があんなしんどいことを、土日に金払ってやりに行くんですか。まっぴらごめんです。よほどの人しか行きませんよ。」

競技スポーツがこのような危機的な状況にあることを、私たちは認識せねばなりません。そして、この問題を引き受けるのは学校ではありません。学校は競技スポーツをスクラップせざるを得ないのですから、ビルドは競技団体が中心になって担う問題なのです。おそらくこのような話題が、各競技の協会や連盟で喫緊の課題として会議で検討されたことはあまりないと思います。ぜひ、「できない」から入らずに、真剣にビルドの方策を考えて欲しいと思います。

都道府県内で育成・強化の拠点を決めてクラブを立ち上げたり、スクールを開催したりするなど、早急に地域の実情に応じた策を講じなければ競技スポーツは壊滅します。このような危機感は、各種目の競技団体で共有されているのでしょうか。いえ、競技スポーツにかかわるもの全体に共有されているでしょうか。各種目の生き残り策という小さな視野ではなく、日本の競技スポーツ環境をいかに再構築するのかという大きな視野でも考えてみて欲しいと思います。

3 スポーツという主体的な余暇の過ごし方を学ぶ

(1) 余暇を豊かにするスポーツ

いよいよ、二つ目のミッションです。それは、余暇を豊かにするスポーツを、これまでのように掛け声だけではなく、どのようにして実際問題として地域社会に構築していくのかという問題です。こちらも喫緊の課題ですが、日本人のスポーツ意識の変革が求められますので、学校と学校外が連携しながら、腰を据えた長期的な取組みが必要となります。

まず、先に示した**図5-1**をご覧ください。「① 競技スポーツ環境の学外移行」については、先に述べました。ここでは、「② 地域連携による余暇スポーツの創造」と示された部分について述べていきます。このミッションは、趣味としてのスポーツ活動の設計を学校の部活動で予習しておき、実践できる機会や場所を地域社会に創ることで、「スポーツという主体的な余暇の過ごし方」を日本で定着させようという、ある意味壮大な計画になります。

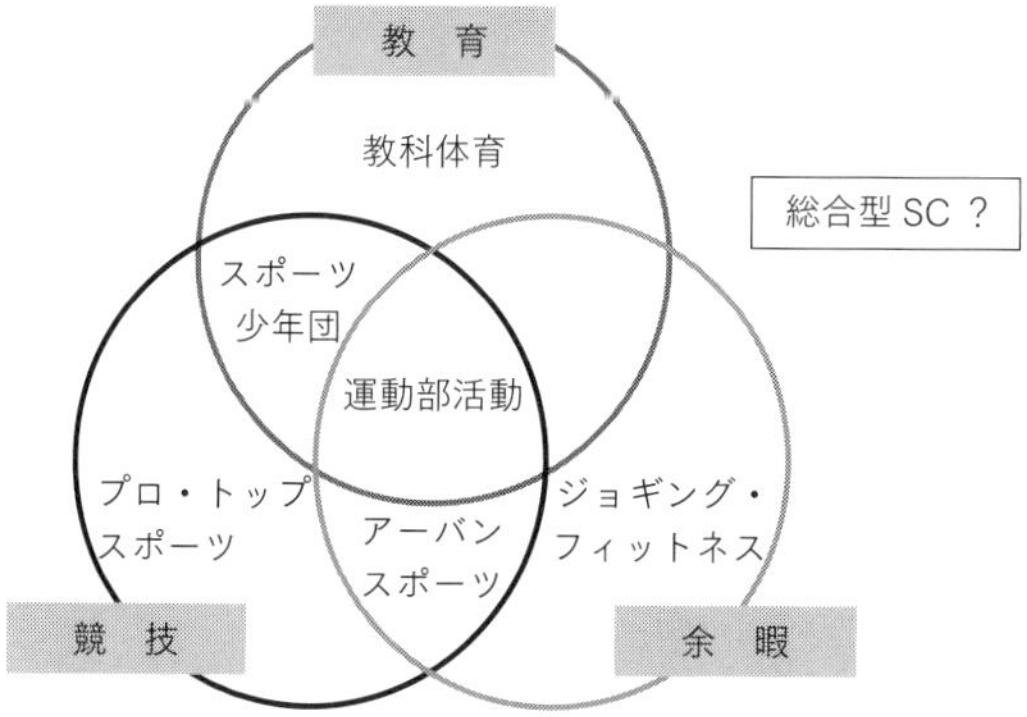

図5-2　日本のスポーツ活動の模式図
出所）筆者作成。

図5-2を見てください。日本のスポーツ活動が担っている分野を模式図的にあらわしたものです。教育活動という分野は、学校の体育が専門的に担っています。そして、競技活動はもちろんプロやトップスポーツを請け負う団体が担っています。そして、この競技を教育活動と兼ねて指導しているのがスポーツ少年団等の組織でしょう。この両者は、「習い事」であり、オンのスポーツ活動です。

また、純粋にオフのスポーツとして余暇活動を担っているのがジョギングやフィットネスの愛好者たちです。ゴルフ愛好者などもこのゾーンに入るかもしれません。この層をいかに組織化していくのかは、これからの課題の一つだと思います。

そして、余暇のスポーツを楽しみながら、オリンピックに象徴される競技ともうまくバランスをとって活動しているのが、ボードやサーフィン、ＢＭＸなどのアーバンスポーツ愛好者でしょう。このゾーンのスポーツ愛好者は、本当にうまくオフとオンを使い分けています。ある意味、これからのスポーツのあり方を先取りしたスポーツ愛好者なのかもしれません。

そして、現在の運動部活動は先に示したように、この三つが入り交じった活動です。

(2) 総合型地域ＳＣの停滞とスポーツ教育の欠落

問題は総合型地域スポーツクラブ（以下、総合型ＳＣ）です。総合型ＳＣは、１９９５年より文科省のスポーツ振興施策として設置されたもので、豊かなスポーツライフの実現を目指し、多種目、多世代、多志向を特徴とする地域住民の主体的運営が目指されています。しかし、行政主導、公的補助金頼み、学校などの公共施設依存、スタッフ不足などさまざまな課題を抱えています。

スポーツ庁の令和３年度総合型ＳＣ育成状況調査によると、全国47都道府県での設置数は３４３９、創設準備中クラブが１４４であるのに対し、廃止・統合クラブ数が４６１という寒い状況です。国民の間に何が目的で、何をしている組織なのか十分に認知され、浸透したスポーツ組織とは言い難い状況がありますので、この図では欄外に位置づけました。もちろん、それぞれ例外はあると思いますが、おおよそこのような位置関係が日本のスポーツ活動の全体像だと思います。

ここで注目していただきたいのが、教育と余暇が重なる部分が空白であるということです。スポーツを主体的な余暇として享受するための教育がすっぽり抜け落ちているのです。わかりやすく言うなら、「習い事」ではない、自発的な遊びとしてスポーツの世界に参入するきっかけを得たり、その実践方法を体験したりする活動が日本にはないのです。

これはあくまでも私の推測ですが、総合型SCが国の後押しにもかかわらず、思うように定着してこなかった原因がここにあるのではないかと考えています。総合型SCには先に述べたようなさまざまな課題がありますが、私にはそもそも主体的にスポーツを使って余暇を楽しめる人を育成してこなかったのではと思えるのです。つまり、スポーツは「習い事」であり、教えてもらうものという固定観念を払拭する教育がなかったために、総合型SCで場所や機会をつくってもそれを利用できる人がいなかった。

例えは悪いですが、高級な日本料理を提供する店をいくらつくったとしても、その価値を知らぬ人が相手では店が繁盛するわけがありません。そういうことだと思います。日本人にとっては、スポーツは気軽には近寄れない「習い事」であって、自分が主体となった愉快な遊びではなかったのです。

(3) 豊かなスポーツライフにつながらないスポーツ活性化

図5-3をご覧ください。この図は、日本のスポーツ活動への目配りや取組みの手厚さをあら

わしています。スポーツを競技活動か趣味か、受身的な習い事か主体的な活動かどうかで四つに分類しています。そして、活動か色の濃い部分は公私にわたってさまざまな取組みが行われている分野です。

日本では、競技を習い事として行っている部分、いわゆる競技力向上につながる活動への目配りや取組みについては非常に熱心ですね。しかし、主体的に行われる趣味のスポーツ活動については、ほぼ本人任せ。私の不勉強を差し引いても、行政はもちろん競技団体や民間のスポーツ組織が、この分野にかかわる人に特化した目配りや取組みを講じている例は本当に少ないと思います。あるとすれば、公園（たいがいはスポーツ禁止ですが）や遊歩道などの整備などの消極的な環境整備でしょうか。主体的な趣味のスポーツ活動を刺激したり後押ししたりするような、積極的な取組みはほぼないような気がします。

国が定める第3期スポーツ基本計画では「成人の週1

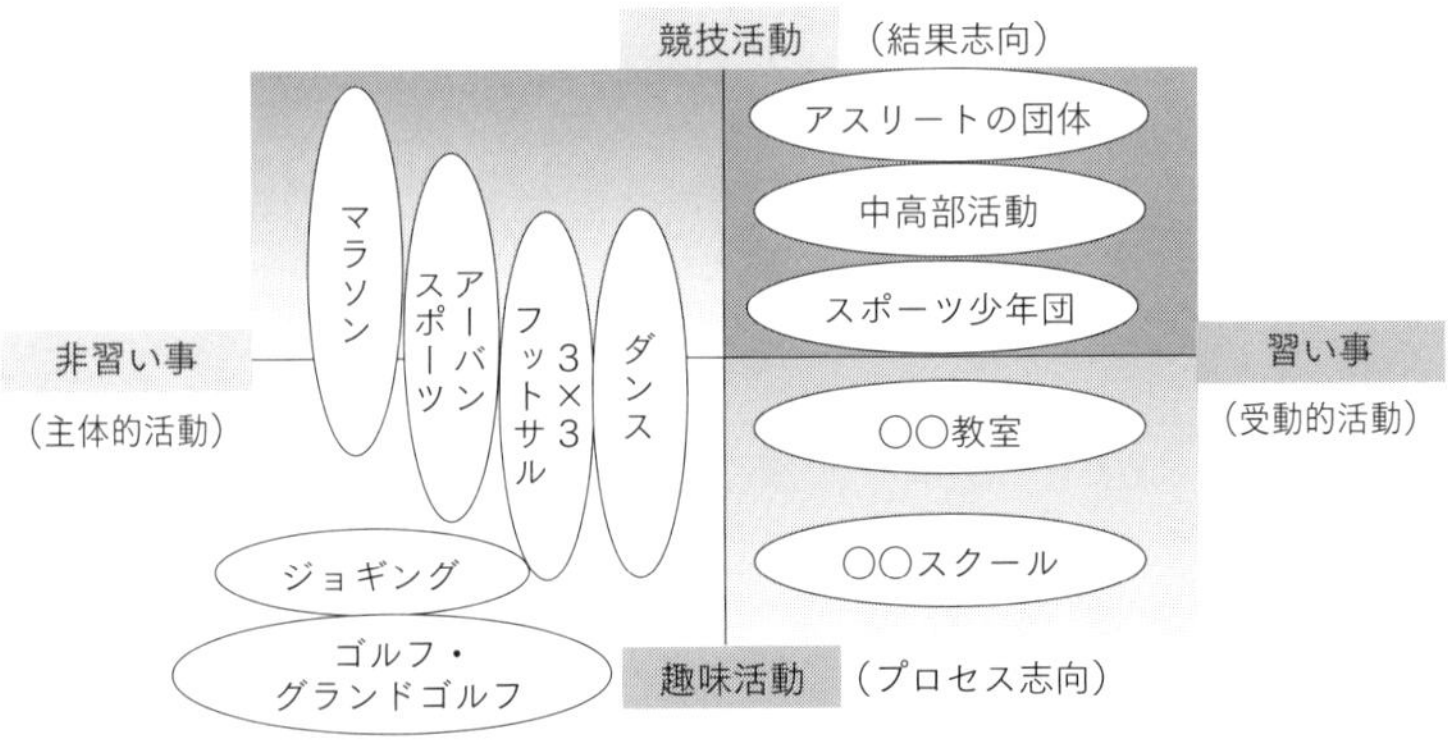

図5-3　日本のスポーツ活性化策の手厚さ

出所）筆者作成。

回以上のスポーツ実施率を70％以上に」と謳っています。しかし、その実現は競技力向上に資するアスリート層を活性化することなのでしょうか。そうではなくて、図5-3の左下の部分、ジョギングやゴルフなどスポーツ（運動）を趣味として主体的に実戦できる層の活性化にかかっていると思うのですが。

理念では生涯スポーツや豊かなスポーツライフの実現を提唱しながら、実際に行われているスポーツの活性化策は大きくずれているのが日本の現状と言えそうです。

(4) 働き方改革とはスポーツという遊びを手に入れること

だからこそ、Well-beingが重視されるプロセスの時代において、「スポーツという主体的な余暇の過ごし方」を、学校で学ぶことには大きな教育的価値があるのです。そして、この分野にこそ、生徒の自発的活動である運動部活動が、これから果たさねばならない役割が存在しているのではないでしょうか。

今、運動部活動の地域移行と称して、教員が学校外で働ける仕組みや、学校外に新たな仕事をつくる作業が進んでいます。しかし、本当の働き方改革とは、スポーツという遊び、余暇の過ごし方を日本に定着させることではありませんか。運動部活動が、生徒の主体的な余暇の活動になり、教員はプロデューサーやメンバーとして参画する。大学生が行うサークルをイメージすればわかりやすいでしょう。

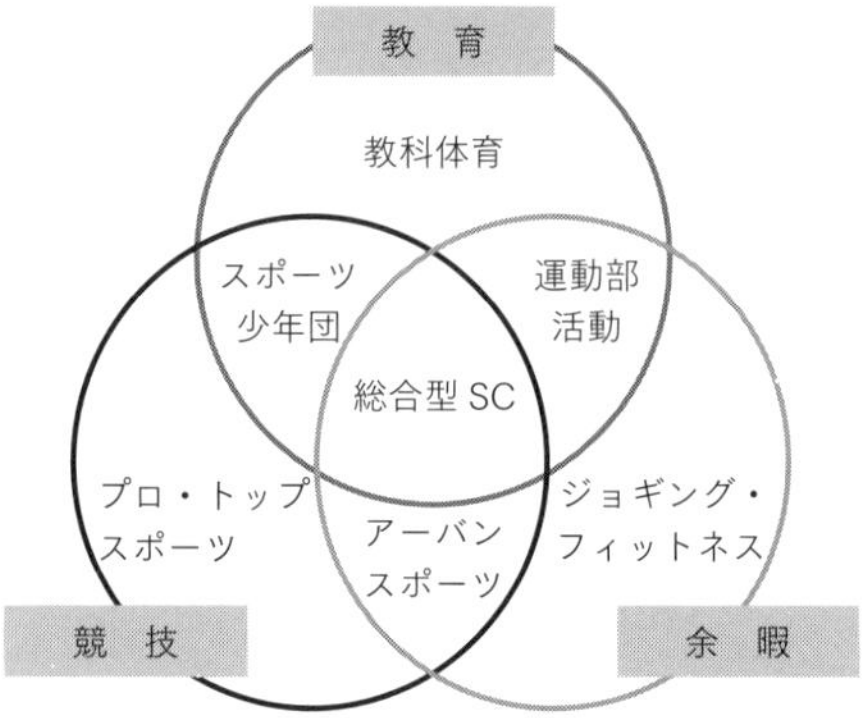

図 5-4　理想的な日本のスポーツ活動の模式図
出所）筆者作成。

例えば、「会議で疲れたから、ちょっと生徒のバスケットサークルで汗流してこようか」、「土日は子ども連れて一緒にサッカーをしよう」みたいなことが実現できれば、それこそが教員の働き方改革になると思うのですがいかがでしょう。教員にとっても息抜きですから、残業代云々の話も解消できると思うのです。

話が一気に飛躍してしまいました。現実味がないと感じるかもしれませんが、それが「スポーツという余暇の主体的な過ごし方」を運動部活動として学ぶと言うことなのです。

そして、「スポーツという主体的な余暇の過ごし方」を理解した人を育てた後に、学校外の総合型ＳＣをはじめとする団体が、生涯にわたって活動できる機会や場所を準備する。当然のことながら、総合型地域ＳＣで行われるのは、「習い事」としての教室ではなく、自主活動型の内容が中心となると思います。

その理想をあらわしたものが**図5-4**です。**図5-2**とほぼ同じですが、運動部は競技スポーツを切り離し、スポーツという余暇の過ごし方を学ぶ活動へと位置づけを変えています。そして、総合型SCは本来の多種目・多世代・多志向なスポーツ活動を行う場として、従来の運動部活動に変わって中央に位置づけました。このような連携の図式がなかったために、以前の総合型SCの展開策は不発に終わったのです。

学校でスポーツを遊びにできる主体的な人を育て、総合型SCなどの学校外の団体が、生涯にわたって活動できる場と機会を提供する。ドイツではこれをすべてスポーツクラブが担っていますが、学校と学校外が連携してこれを実現するのが日本型スポーツの理想ではないでしょうか。

4 運動部活動が地域社会を創る

(1) 民主主義と日本型スポーツ

私が、学校で「スポーツという主体的な余暇の過ごし方」を学ぶことにこだわるのには、もう一点理由があります。第Ⅱ部で詳しく書かれている「地域社会のエンジン」としてのスポーツの機能に注目しているからです。それは、日本でよく言われるようなお金儲けに絡んだ地域活性化とは違います。端的に言うなら、民主主義社会を支える教育としてのスポーツの価値に着目したいのです。

民主主義の定義はさまざまにありますが、ここでは簡単に「平等な立場での自由な意見交換による改善のプロセス」とお考えください。

「習い事」ではない主体的な余暇のスポーツ活動では、何をするか、どのようにするか等は各自の判断に委ねられます。また、集まった仲間とどのような活動をするのかは、自由な意見交換によって決めねばなりません。遊びの世界には、先輩後輩などの形式的な上下関係はなじまないのです。これがすべて、先に述べたような民主主義の社会に参画するためのトレーニングになることはお気づきのことと思います。ドイツではこのようにして、民主社会を構成するよき市民がスポーツクラブの中で育っていきます。これが、スポーツが社会のエンジンとなる基盤なのです。

それが、日本の運動部ではどうだったでしょうか。部活動で学んだことは「上下関係」で、それは「挨拶」にしか結び付いていませんでした。民主主義社会を支える市民を育てることは、教育の根本的な使命です。もし、運動部にその機能を期待できるのならば、学校教育にとって欠くことのできない価値を提供することができます。

話は少し変わりますが、欧米のアスリートは人権問題や差別、不正行為等に対して非常に敏感に反応します。それに対して、日本人アスリートの従順さと沈黙は対照的です。東京オリンピックであれだけの自分たちのスポーツが冒涜されても、抗議の声すらあがらないようです。

日本人アスリートの従順さは美徳だと思いますが、一方で民主主義社会を担う市民という観点から見れば、その姿勢はどうなのでしょう。アスリートファーストという言葉に甘えて、運動のことしかわからないようでは、スポーツという文化の価値はいつまで経っても向上しません。日本のスポーツがただの娯楽ではなく、民主社会を推進するエンジンとなるように変革していくのも、学校教育の責務だと思います。

(2) スポーツで民主主義を学ぶ

具体的な話をしましょう。現行の学習指導要領では、「主体的で対話的で深い学び」というキーワードが提示されています。それを実現するの手法の一つにアクティブラーニングというものがあります。アクティブラーニングとは、学習にグループワークやディベートなどを取り入れながら、受身になりがちな学習者を能動的な学びに導くように設計された指導法のことです。

そこで、部活動をアクティブラーニングとして設計するのです。それには、上下関係にもとづいた「習い事」になりがちな競技スポーツではなく、主体的な遊びとしての余暇のスポーツがうってつけです。小さい頃にやった鬼ごっこや草野球、大学のサークル活動、大人ならゴルフなどをイメージすればよいと思います。

もちろん教員はコーチではありません。顧問の先生が担うのはプロデューサーの役割です。時には、ディレクターの役割も必要かもしれませんし、メンバーとして参加することも可能でしょう。少なくとも専門的な技術指導は不要です。スポーツのやり方を学ぶのではなく、スポーツを使って主体的な生き方を学ぶのです。ひいては、それが民主社会を担う人材を育成することにつながります。もともと、生徒の自発的な活動として位置づけられている部活動には、その期待に応えるポテンシャルは十分にあると思います。

昨今、18歳選挙権や投票率の低下が問題となり、学校教育における主権者教育[1]やシティズンシップ教育[2]の重要性が増してきています。ここで示した自分たちの余暇を豊かに創造する運動部活動が、そういった学びの生きた姿であるのは間違いないでしょう。

5 保護者というアクター

(1) 運動部に期待する役割

運動部活動改革のミッションは、①競技スポーツ環境の学外移行、②地域連携による余暇スポーツの創造でした。この二つは車の両輪であり、どちらも欠くことのできないものですが、それぞれが質の異なるスポーツ活動であることを認識しておかねばなりません。現在行われている改革では、建て前は②を目指しているのに、実際の手立ては①の対策ばかりという矛盾した状況が見られました。両者の区別が自覚されていないのです。

ここに、ある調査結果があります。保護者・生徒・教員のそれぞれが部活動に期待する役割を比較した調査[3]です。調査は2019年に、T市教育委員会及び中学校校長会の全面的な協力を得て、市内公立中学校全5校で行われました。今から記す内容は、その中から運動部に在籍する生徒660人とその保護者505人、教員65人に関して分析を行った結果です。

簡単に調査内容について解説しておきます。まず、運動部の活動内容を①競技スポーツ活動、②教育・人材育成活動、③自主的で自由な活動の三つに分類しました。これは、本書で述べている①競技スポーツ活動、②教育的なスポーツ活動、③余暇のスポーツ活動に相当します。そして、この三つの活動に対する期待感を四つのカテゴリーに分け、それぞれ3問ずつの質問項目（合計36問）を設定し、その合計点で保護者・生徒・教員それぞれの群の期待度を比較できるようにしました。質問紙は**表5-1**のとおりです。その結果をわかりやすく示したものが**表5-2**です。

表5-2で、＋（プラス）と表示されているところは、他の群よりも期待が統計的に有意に高い項目です。逆に－（マイナス）は期待値が他よりも有意に低いことをあらわしていますが、大変興味深い特徴があらわれました。

1　文科省によれば、「選挙権年齢及び成年年齢の引下げにより、主権者として求められる力を育成する教育」である。政治や社会に関する意識を高め、主体的に参画できる人材を育成するための教育が重視されるようになっている。

2　市民教育とも呼ばれ、民主的社会を担う市民としての資質・能力を育成するための教育である。権利や義務を正しく行使しながら、主体的に社会にかかわることのできる自立した市民の育成が目指される。

3　有山篤利・伊藤功二・中須賀巧・森田啓之（２０２３）「保護者・生徒・教員が期待する運動部活動の役割――T市における意識調査より――」『日本部活動学会研究紀要』5号。

表 5-1　運動部活動への期待に関する構成概念とインディケーター群

<table>
<tr><th>構成概念</th><th>カテゴリー</th><th>インディケーター</th><th colspan="2">質問項目</th></tr>
<tr><td rowspan="12">競技スポーツ活動</td><td rowspan="3">競技の高度化</td><td>競技スキルの向上</td><td>1</td><td>スポーツや文化芸術活動がうまくなったり上達したりすること</td></tr>
<tr><td>大会成績</td><td>3</td><td>大会やコンクールで良い成績を収めること</td></tr>
<tr><td>体力の向上</td><td>13</td><td>体力や運動能力が向上すること</td></tr>
<tr><td rowspan="3">スポーツ文化の深まり</td><td>大衆化</td><td>2</td><td>スポーツや文化芸術活動の愛好者を増やすこと</td></tr>
<tr><td>機会の創出</td><td>7</td><td>スポーツ文化や文化芸術活動を「する」「見る」「支える」機会が得られること</td></tr>
<tr><td>文化の継承</td><td>8</td><td>先輩から受け継がれてきたスポーツや文化芸術活動の伝統をつなげること</td></tr>
<tr><td rowspan="3">競技での活躍</td><td>地域の名誉</td><td>4</td><td>市や地域を代表して活躍すること</td></tr>
<tr><td>地域の活性化</td><td>5</td><td>市や地域を盛り上げること</td></tr>
<tr><td>学校の名誉</td><td>36</td><td>学校を代表して活躍すること</td></tr>
<tr><td rowspan="3">スポーツの波及効果</td><td>つながりの構築</td><td>6</td><td>地域のつながりや保護者同士のつながりを生むこと</td></tr>
<tr><td>特色ある学校</td><td>28</td><td>学校の特色や魅力をつくること</td></tr>
<tr><td>母校への誇り</td><td>34</td><td>母校に誇りを持つこと</td></tr>
<tr><td rowspan="12">教育・人材育成活動</td><td rowspan="3">パーソナルスキルの向上</td><td>自律心</td><td>15</td><td>規則正しい生活リズムを保つこと</td></tr>
<tr><td>強靭な心</td><td>21</td><td>努力する力や継続する力をつけること</td></tr>
<tr><td>忍耐力</td><td>24</td><td>つらい時に辛抱や我慢ができること</td></tr>
<tr><td rowspan="3">ソーシャルスキルの向上</td><td>メンバーシップ</td><td>22</td><td>リーダーシップが身についたり、協力できる力をつけること</td></tr>
<tr><td>あいさつ・礼儀</td><td>23</td><td>あいさつができたり、礼儀正しくふるまえること</td></tr>
<tr><td>規範意識</td><td>32</td><td>ルールや規則を守る意識が向上すること</td></tr>
<tr><td rowspan="3">自信の醸成</td><td>自己効力感</td><td>19</td><td>個性を認めてもらえる、自分に自信が持てること</td></tr>
<tr><td>個性</td><td>25</td><td>自分が自分らしさを出せること</td></tr>
<tr><td>他者からの認知</td><td>30</td><td>生徒の活躍を認めてもらうこと</td></tr>
<tr><td rowspan="3">信頼関係の構築</td><td>友人関係</td><td>17</td><td>信頼できる友人をつくること</td></tr>
<tr><td>対教師信頼感</td><td>31</td><td>先生と生徒との間に良好な関係を築くこと</td></tr>
<tr><td>仲間との一体感</td><td>35</td><td>学校内の仲間意識や連帯感を持つこと</td></tr>
<tr><td rowspan="12">自主的で自由な活動</td><td rowspan="3">趣味への入り口</td><td>興味の喚起</td><td>9</td><td>スポーツや文化芸術活動に対する興味・関心を持つこと</td></tr>
<tr><td>楽しさ享受</td><td>10</td><td>スポーツや文化芸術活動の楽しさに触れること</td></tr>
<tr><td>趣味の発見</td><td>11</td><td>卒業後も続けようと思うスポーツや文化芸術活動を見つけること</td></tr>
<tr><td rowspan="3">満ち足りた日常</td><td>家族の絆</td><td>16</td><td>家族の会話の機会をつくること</td></tr>
<tr><td>交流の拡大</td><td>18</td><td>先輩や後輩、他校の生徒などとの交流の輪が広がること</td></tr>
<tr><td>生活の活性化</td><td>33</td><td>目的を持って意欲的な生活を送ること</td></tr>
<tr><td rowspan="3">サードプレイスの確保</td><td>ストレス発散</td><td>14</td><td>気分転換やストレス発散の場所になること</td></tr>
<tr><td>新しい友人の発見</td><td>26</td><td>家族やクラスメートとはちがった仲間をつくること</td></tr>
<tr><td>安心な居場所</td><td>27</td><td>友達とおしゃべりをして楽しんだり、ほっとできる場所になること</td></tr>
<tr><td rowspan="3">就学意欲の喚起</td><td>生活の充実</td><td>12</td><td>スポーツや文化芸術活動を通して日々の生活（学校生活）が充実すること</td></tr>
<tr><td>モチベーション</td><td>20</td><td>授業や学校生活にやる気が出ること</td></tr>
<tr><td>活気ある日々</td><td>29</td><td>学校生活が活気づくこと</td></tr>
</table>

出所）表 5-1、5-2　有山篤利・中須賀巧・森田啓之・伊藤功二（2023）「保護者・生徒・教員が期待する運動部活動の役割 ── T 市における意識調査より ──」『日本部活動学会研究紀要』5、pp. 15-16 より抜粋。

表 5-2　調査対象ごとの傾向の比較

構成概念	カテゴリー	①生徒	②保護者	③教員
競技スポーツ活動	競技の高度化	＋	±	−
	スポーツ文化の深まり	＋	＋	−
	競技での活躍	＋	＋	−
	スポーツの波及効果	＋	＋	−
教育人材育成活動	パーソナルスキルの向上	−	＋	−
	ソーシャルスキルの向上	−	＋	
	自身の醸成	−	＋	
	信頼関係の構築	−	＋	−
自主的自由な活動	趣味への入り口			
	満ち足りた日常	−	＋	−
	サードプレイスの確保	−	＋	−
	就学意欲の喚起	−	＋	−

(2)　生徒が運動部に期待すること

まず、私が驚いたのは、生徒が相対的に高い期待感を抱いているカテゴリーが、「競技スポーツ活動」のみであったことです。生徒は他の群と比較して、ただ「強くなって、勝てるようになる」ことのみを、強く期待しています。部活動を、自己の成長や、現在・未来の生活を豊かにする活動としてはあまり期待していないようなのです。生徒が強く期待しているのは、スポーツの技術や戦術の指導であって、人間的なふれあいや充実した日常生活ではないことに愕然とします。運動部活動は、生徒にとってスポーツの心地よさや豊かな学校生活を保障してくれるものではないということでしょう。この結果は、「第4章第3節　運動部活動という教育の落とし穴」で述べた内容とも、見事に対応しているように思います。

運動部活動の究極の目標は、将来の豊かなスポーツライフを享受できる人を育てることにあったはずです。しかし、生徒の目線は単なる競技スポーツの高度化に特化されている。はじめに、現在の改革には建て前と具体策の間に矛盾があると述べましたが、運動部そのものが、元々そのような矛盾した存在であったということなのでしょう。近年、行き過ぎた成果主義や勝利至上主義への批判が盛んに指摘されるようになりました。しかし、その声は本当に学校の内にまで届いているのでしょうか。運動部活動が、Well-being の時代にふさわしい力を身に付ける教育として機能しているのか、今一度よく考えてみる必要があると思います。

(3) 保護者が運動部に期待すること

さて、**表5-2**の結果に戻りましょう。もう一点、大きな特徴が読み取れると思います。それは、活動にかかわるあらゆる側面で保護者からの期待が異様に高いことです。その期待度の膨大さは、ぶっちぎりと言っていいでしょう。保護者は、他の群と比較して過剰なまでにあらゆることを運動部に期待しています。おそらくその裏返しが、教員の期待の相対的な低さだと思います。保護者の過剰な期待が教員へのプレッシャーへと変わるとき、それは教員の疲弊感やモチベーションの低下に直結するでしょう。この結果にはそれがよく表れています。教員の負担感は、仕事量の多さだけではありません。保護者の過剰な期待にも原因があるのです。また、この過剰な期待の暴走が、体罰や暴力的指導を生む誘因となっていることも十分考えられます。

ここで、問題提起したいのは、現在の運動部活動改革のさまざまな取組みが、主として学校に向けて発信されているという点です。今は指導者である教員の事情のみが注目されがちですが、部活動には、活動の主体である生徒以外にも保護者というアクターが無視できないのです。

スポーツ社会学者の中澤篤史はその著書のなかで、保護者の消費者としての要望と、協働者としての支援が運動部活動の成立に大きな影響を与えると述べています。[4] そして、保護者の主体的なかかわりが学校の自主性・自律性を抑制する場合があると指摘しています。また、教育社会学者の内田良ら[5]も、保護者からの期待や圧力が部活動を指導する教員の深刻なストレスの要因となることを報告しています。

今回の調査結果は、これらの指摘を数値で裏付けるものとなりました。保護者は教員や生徒と異なり、直接活動や運営にかかわるわけではありませんが、そのかかわりは運動部のあり方を大きく左右しています。先に述べた生徒の「競技スポーツ」への期待の偏在についても、それが生徒への指導だけで解決できない問題であることを忘れてはなりません。子どもが、親からの期待に応えようと努力するのはきわめて自然なことですから。

恐ろしいのは、もし、このまま保護者への丁寧な説明や啓蒙活動を行わないまま部活動の地域

4 中澤篤史（2014）『運動部活動の戦後と現在――なぜスポーツは学校教育に結びつけられるのか――』青弓社。
5 内田良・上地香杜・加藤一晃・大田知彩（2018）『調査報告・学校の部活動と働き方改革』岩波ブックレット。

移行を進めたならば、保護者が受け取る学校教育への不信感や喪失感は相当なものになるということです。学校への抗議やクレームとして顕在化することも、覚悟しておかねばならないでしょう。

運動部活動改革を進めるには、学校に向けた支援や指導だけではなく、保護者の意識改革を促す施策が必要です。より具体的に言いましょう。現在の運動部活動をスリム化しようと思えば、まず、保護者の期待をスリム化しておく必要があります。学校の内に向けた指示や指導ではなく、学校の外に向けた情報発信や啓蒙が必要なのです。運動部活動の改革は、学校の外の改革でもあるのです。

第6章 運動部活動から日本のスポーツを改革する

1 改革のゴールイメージを描く

第Ⅰ部では、日本のスポーツの特殊性や課題などを考察したうえで、その改革の肝として現在混迷を極めている運動部活動改革の課題を取り上げ、改善の方向性について提案をしてきました。第Ⅱ部では、スポーツクラブを中核として、スポーツが社会のエンジンとして機能しているドイツの例を紹介していきます。

もちろん、「ドイツはすごい」を強調して、ドイツのスポーツの仕組みや制度をコピーせよと言うのではありません。歴史も国民性も文化も社会構造も異なる国の制度や仕組みを、そっくり真似することに意味はありません。

日本とドイツではスポーツという文化の捉え方がかなり異なります。ドイツでは、日本のように「スポーツ＝競技」ではないと同時に、ただの娯楽でもないのです。もちろんスポーツは遊びの延長なのですが、それ以上に望ましい社会をつくるために欠くことのできない文化であり、社会のエンジンとして存在しています。それは、日本で言う「町づくり」や「地域活性化」とは全く次元の違う話です。第Ⅰ部の内容を頭におきながら、第Ⅱ部では、社会におけるスポーツという文化の立ち位置の違いをしっかり見極めて欲しいと思います。

そして、そのようなスポーツの姿を、運動部活動改革のゴールイメージに描いてほしいのです。それは、ドイツの仕組みや制度を真似することではありません。日本は日本に適した仕組みや制度をつくり上げることで、この理想的なスポーツの姿を実現しなければならないのです。第Ⅰ部では、その処方箋を示したつもりです。

2 運動部活動の改革に向けて

もうすでにおわかりかと思いますが、本書は運動部活動の地域移行の先進事例を示したり、具体的な展開方法を解説したりするものではありません。もし、そのような期待を抱いて本書を手に取られたならば、きっと物足りなく感じられたことでしょう。

しかし、私は地域移行のやり方を論じる前に、現在の運動部活動改革の必要性について多くの人が納得いっていない現状を目の当たりにしてきました。唐突に出てきた教員の働き方改革がその主たる必要性として喧伝されていますが、それはあくまでも学校の事情です。

生徒にとって運動部活動の何が問題なのか、教員の過重労働さえ解決できればよいのか、なぜここまで定着している運動部をわざわざ学外でやる必要があるのか、そこまで無理して移行する意義はどこにあるのか等々、学外の関係者や保護者にとっては疑問だらけなのです。

一方で、教員の中にも現在の運動部活動に意義を認め、生きがいを感じて指導している人も大勢います。そのような教員にとっては、なぜ貴重な運動部活動を手放さねばならないのか納得いきません。運動部活動に今でも大きな期待を寄せる教員と、負担感からネガティブなっている教員の間で、学校も真っ二つに引き裂かれています。

このような状況が放置された挙げ句、関係者みんながそれぞれの立場でモヤモヤした心境を抱え、何のために大騒ぎしているのかよく理解できない。そして、モチベーションもかき立てられないまま、スポーツ庁からの矢継ぎ早の指示に対して、取りあえず形を整えようと慌てふためき、手っ取り早く真似できそうな先行事例を探し求めている。私には現状がそのように見えて仕方ないのです。

今大切なことは、①私たちはなぜ運動部改革をせねばならないのか、②それには運動部で行ってきたスポーツ活動の何を変えればよいのか、③最終的にそれは日本のスポーツの発展にどうつながるのか、をスポーツにかかわる者すべてが共通理解することです。そして、誰もが納得できるゴールイメージを示さねばなりません。改革が行き着こうとする理想世界に対して、確信が必要なのです。運動部活動を改革することで豊かなスポーツライフが手に入り、自分たちの生活がよりよく変わる……そういう確信が抱ければ、そこにモチベーションややりがいが生まれます。その後に、各地域や学校に合ったそれぞれの計画が具体化していくはずです。

スポーツが単なる消費物や嗜好品ではなく、真の意味で現代社会の要請に応える文化として発展する。その道筋のなかに運動部活動改革が位置付くことを願っています。

第Ⅱ部

ドイツで「スポーツが地域社会のエンジン」になっている理由

ドイツではスポーツは年齢、性別、国籍を問わずさまざまな人々が交流できるツールであり、地域コミュニティにおいて重要な役割を果たしている。ドイツではなぜこのようなスポーツのあり方が可能なのだろうか？　その背景に迫る。

第7章

こんなに「スポーツ」があるドイツの地域社会

1 スポーツクラブと学校が施設を共用

(1) 同じ言葉でも中身が違う、という難しさ

スポーツというと皆さんの頭の中に、ふわっとしたものから「こうでなければいけない」と言った確固たるものまで、いろいろなイメージがあると思います。スポーツとは、イギリスで生まれた英語の言葉であり、イギリスの社会状況や価値観などの影響を受けて発展してきました。裏を返せばイギリスで時間をかけて成り立ってきた過程や内面化された意味合い（コノテーション）を持つ言葉がない国や地域で、「スポーツ」に近いものが出てきたということです。[1] 現在では、ほぼどこの国・地域でも「スポーツ」と言えば、よく似たイメージがありますが、よく

1 多木浩二（2009）『スポーツを考える――身体・資本・ナショナリズム』筑摩書房、8ページ。

見るとその国の価値観、身体文化、歴史などに影響されて成り立っている。極論すれば時代や地域によって「こういうものが『スポーツ』なのであろう」と独自発展させてきているといえます。

例えばドイツ・日本を比べても、かなり異なります。なぜなら国の政策や社会システムの中にスポーツがどう位置付けられているのかが違うからです。ドイツの学校に、日本のような部活動がないのはその一例に過ぎません。一方で「日本のスポーツ」は部活動がかなり大きな位置を占めてきました。部活動の地域移行というのは、そういう構造を変えようというのですから、実にラディカルな課題です。

だからこそ、スポーツの本質や、日本における位置づけについて考えるべきで、それは複雑な哲学的問いかけです。その上で、スポーツの持つ価値を社会や地域全体とどう結びつけるかについても、広い視点での議論が必要です。そのためには、他国がスポーツの価値をどう捉え、それを政治や社会、経済、教育にどのように展開しているかを見ることが良い刺激になります。こういったことを経て、「地域」と「スポーツ」をどのように組み合わせていくかについて議論を進めるべきではないでしょうか。

(2) スポーツクラブはリンビングスタンダード

私が住むドイツを見ると、スポーツは「地域社会の一部」というふうに感じます。そればかりか、スポーツが地域社会そのものを良い状態に持っていくためのエンジンの一つになっている。これがドイツにおける「地域」と「スポーツ」の関係です。

では、なぜそんな関係になるのでしょうか？　これを紐解いていきたいと思います。とりわけ、私が住んでいる人口11万人のエアランゲン市（バイエルン州）の例を中心に見ていきます。

まず、ドイツでスポーツが地域社会の一部であると感じられる大きな理由はなんでしょうか？それは、スポーツクラブが多いためです。スポーツクラブについては後で詳しく述べますが、簡単にいえば、スポーツをしたい人がメンバーになる非営利法人です。小学生から年金生活をしている人まで、老若男女、誰でもメンバーになれる同好会のようなものですね。別のいい方をすれば、人ポーツを軸にしたコミュニティです。

スポーツクラブがドイツ全体に約9万あります。この数が生活感覚でどういうものなのかを示すために、私が住んでいる地方都市、エアランゲンを見てみましょう。この町は人口約11万人、大阪市でいえば天王寺区、京都市でいえば中京区といったような人口規模の町です。この町の中でスポーツクラブが約100を数えます。これだけの数があると、とても身近です。人口2万あまりの町でも50程度あるようなところもあります。人口が2000人とか3000人規模の村でもスポーツクラブが一つありますから、リビングスタンダードと言って良い。またスポーツクラブは自前のグラウンドなどのスポーツ施設を持っているケースが多いです（**図7-1**）。

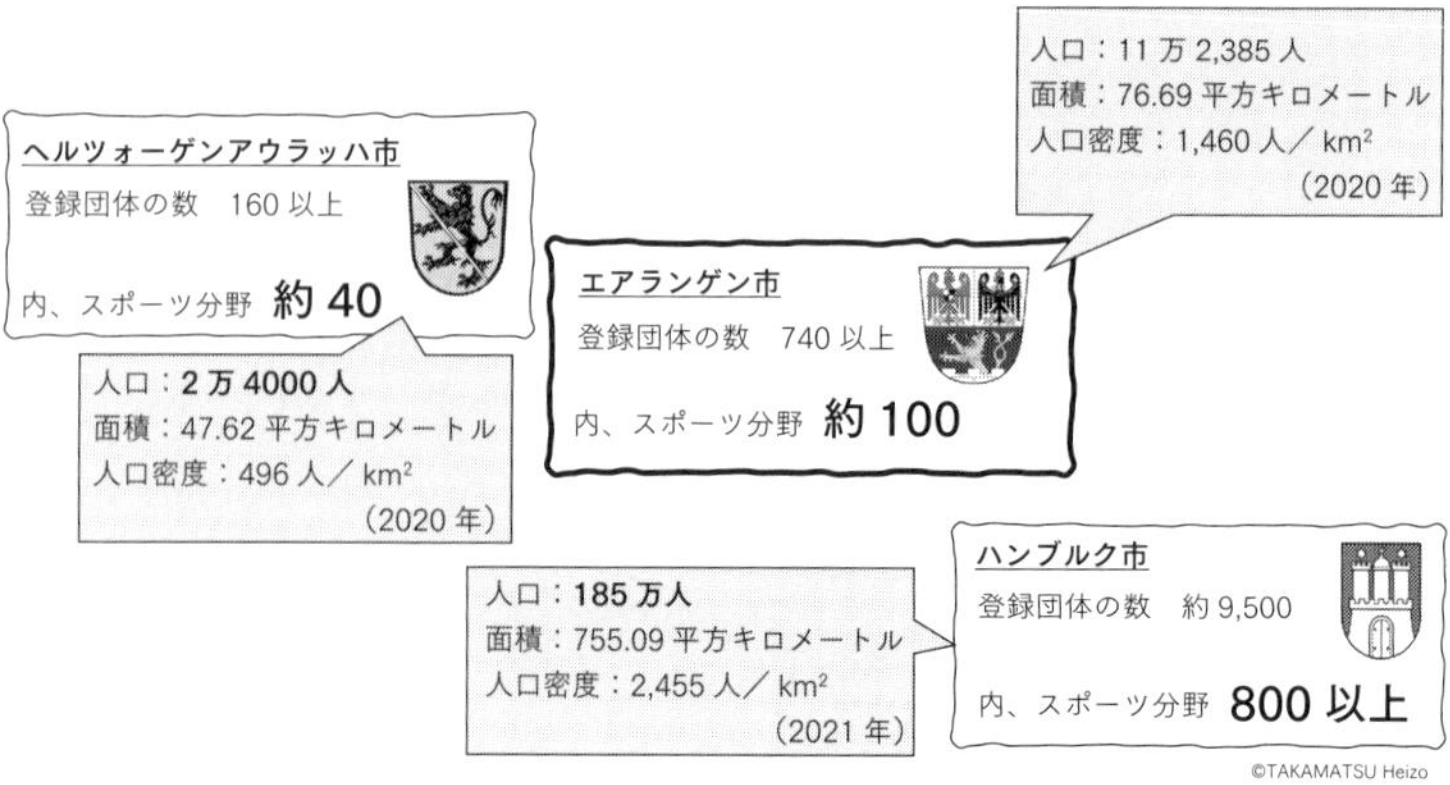

図 7-1　スポーツクラブはかなり多い

出所）筆者作成。

(3)　運動部活動がドイツの学校にはない

さて、ここで少し視点を変えて、ドイツの学校を見てみましょう。

日本の学校と比べると、いろいろな違いがあるのですが、スポーツに関していえば、ドイツの多くの学校には、広大な運動場やプールもありません。では体育の時間はどうしているのかといえば、体育館や学校の庭などでできる範囲の運動は校内でしていますが、学内ではできない場合、学校の近くのプールやグラウンド施設を使っている。それらのスポーツ施設は自治体やスポーツクラブのものです。

反対のケースもあります。私はあるスポーツクラブの空手のグループを取材したことがあるのですが、その時「トレーニングの光景も見たいが、いつ、どこへ行けばいいか?」と尋ねた。教えてもらった住所にたどり着くと、そこは学校の体育館でした。学校のスポーツ施設をスポーツクラブが借りていることもあるのです。

これらの様子を町全体で見ると、自治体・学校・スポーツクラブの施設が「町の施設」として使われているのがわかります。町全体で考えると、学校の施設を生徒だけが使うのはいかにももったいない。スポーツクラブの施設も同様です。確かに基本的にはメンバーのための施設ですが、使われていない時間帯があるならば、学校に貸すことがあっても良い。ドイツの町の様子を見ると、学校・スポーツクラブの施設が「地域のスポーツ資源」として成り立っていると言えるでしょう。立派な施設も「使い倒して」こそ価値があるのです。

それからドイツの学校には日本のような組織化された運動部活動がありません。「日本の学校の常識」から考えると、驚きではあるのですが、ドイツの学校に部活動がなぜないのか？あるいはなぜ、なくても良いのか？ここに大切な問いがあります。この問いについて本書を読みながら、みなさんにぜひ考えてみていただきたいです。

(4) ドイツの学校の特色はどこで出す？

部活動のないドイツの学校。では全くスポーツを行っていないのでしょうか？気になる方もいると思うので、少し触れておきましょう。具体的には体育の授業や学内のスポーツ関係のプロジェクトやイベント類が「学校スポーツ」です。

エアランゲン市を見ると、市のスポーツ健康増進部が学校のスポーツ大会を開いています。学校対抗で全国大会もあります。毎年10万人以上の生徒が参加していて、けっこうな規模なのですが、日本の高校野球のような盛り上がり方はありません。これはテレビ中継がないことなども影響しているのでしょう。そのせいか在校生すら全国大会があることを知らないということがあります。

それに対して日本の学校は「競技の強さ」を特色として前面に出すことが目につきます。例えば「強豪校」という言葉は、よくよく考えると面白い。強豪とは、勢いがあって強いことを指します。強豪の対義語が弱小です。しかしドイツから見ると、学校の状態を言いあらわす言葉として「強豪校」も「弱小校」もかなり特殊に感じます。

こういう言葉の使い方は、試合に勝てる部活動があると、学校の評判につながるという構造とも関係がありそうです。特に私学になってくると、強豪であることは生徒を集めるための「プロモーション」「広告」になっているように思われる。うがった見方をすると、私学の部活動の指導をしている教員は、経営陣と生徒の間に挟まれており、強いプレッシャーがありそうです。

ひるがえってドイツの学校は、どのようにして特色を出していくのでしょうか。秀でたスポーツの才能を持つ生徒がいれば、もちろん学校にとってそれは賞賛すべきものであるでしょう。しかし、「スポーツの強い学校にする」ということ自体は目標になりにくい。それよりも「国際交流」「人権プロジェクト」「アートプロジェクト」など、特別なプロジェクトを立ち上げて特色を出す傾向が強いようです。そのために地元の金融機関をはじめEUの助成金を活用し、プロジェクトのための資金調達をして実現しているケースが散見されます。

以上のようなことから、部活動を抱える日本の学校に比べて、「学校スポーツ」はやや地味な分野に見えます。

(5) 学校スポーツの利点は何か？

ドイツにおける「学校スポーツ」についての議論を少し見ておきましょう。大きな流れでいうと、ドイツでは第二次世界大戦後、労働環境の整備から余暇時間が増大したものの、身体を動かす機会が少なくなってきたこと、さらに健康増進のために身体運動が注目されました。それを受けて「万人のためのスポーツ」を推進されます。その代表格がスポーツクラブです。

しかし、「万人のためのスポーツ」の実現が難しいところもあります。例をあげるならば、トルコ系の女子はクラブに入るケースが少ない。それに対して高校の（狭義のドイツ人）男子はクラブに入ることが多い[2]。「トルコ人女子」「ドイツ人男子」の対比は奇妙に思われるかもしれませんが、ドイツの複雑な事情を反映しています。まずドイツは日本に比べて外国籍の市民や、国籍が「ドイツ人」であっても、外国のルーツを持った市民が多い国です。

2 Balz, E. (2002). Freizeit und Schule. In J. Dieckert, & C. Wopp, *Handbuch Freizeitsport* (S. 289). Verlag Hofmann Schorndorf.

例えばトルコ人女性が、クラブの数や情報が多い大都市に住んでいても、スポーツクラブの存在そのものを知らなかったり、どういう組織なのか理解が難しいことがある。イスラム教の影響が強すぎて、ドイツの生活文化から離れた生活をしていることも考えられます。その結果、トルコ系の女子がクラブに入ってくることは少ない。

それに対して、「(狭義の)ドイツ人の男子」は、たとえ小さな都市に住んでいても、クラブに入ることが多い。狭義のドイツ人とは、いわゆるヨーロッパ系(白人)の市民で、何代も前からドイツに住んでいるような「ドイツ人」で、中でも高学歴になるとクラブの加入率が高いのです。スポーツクラブもある時期まで、「狭義のドイツ人」の影響の強い文化であったことが結果的に影響しているのです。

それに対して学校には全員が原則としてスポーツの授業を受けますので、「万人のためのスポーツ」の実践があるというわけですね。これが学校スポーツの利点です。

ちなみにドイツ在住で外国籍の人が14%(筆者も該当)、国籍がドイツでもルーツが外国(帰化・親のどちらかが外国など)の人が14・7%います。いわゆる伝統的な「(狭義の)ドイツ人」は70%程度です(2022年現在)。

(6) スポーツ嫌いの土壌にもなる学校スポーツ

一方でこんな議論もあります。スポーツの授業を受ける生徒たちの身体能力にはばらつきがあるため、教師の考え方や指導方法によって「スポーツ嫌い」が生まれる可能性があるというものです。

連邦国家のドイツは、学校制度は州の管轄なのですが、例えばノルトライン=ヴェストファーレン州の学校法によると、生徒が学ぶべきことの一つが、「一緒に運動やスポーツを楽しみ、健康的な食事と健康的な生活を心がけること」と規定しています。これに沿って、学校スポーツは、スポーツ・運動文化を生徒たちに開放するものであり、生徒たちが社会的・健康的な発展を考えたものが得られるよう、さまざまな角度から議論されるべきだという意見があります。[3]

しかしながら、報道によると、体育の授業で「競争・パフォーマンスの高さ」を求められることもあり、そのため「運動の喜び」を得るどころか、スポーツに対する苦手意識を助長されるケースもあるそうです。[4] 体育の授業内容が、法律や議論として語られるものとは異なるケースがあることが示されたかたちです。

この記事が掲載された後日、読者が自分の体験談や意見も投稿しています。１９６０年代に「生徒」だった別の女性は、当時スポーツマンではない生徒は考慮されず、クラスメイトからか

3　Balz, E. (21. 7 2021). *Die Geschichte des Sports in der Schule.* Abgerufen am 1. 12 2022 von Wuppertal rundschau: https://www.wuppertaler-rundschau.de/lokales/bergische-uni-wuppertal-die-geschichte-des-sports-in-der-schule_aid-61706869.（２０２３年３月30日閲覧）

4　Weith, T. (15. 10 2022). Unfit und gemobbt. *Erlanger Nachrichten*, S. 43.

らかわれることもあり、「ひどかった」とスポーツ嫌いになった体験を語り、こういう問題を記事にしてくれたことに感謝の意を表しています。日本で「逆上がりができずスポーツ嫌いになった人」が散見されますが、それによく似たことがドイツでも起こっていると言うことですね。

2 都市には「スポーツ環境」が埋め込まれている

(1) 人工物と自然環境

引き続きドイツの「地域の中のスポーツ」を見ていきましょう。ドイツの地方都市を見ていくと、自治体、学校、スポーツクラブの施設が町のスポーツ環境を作っています。それらは人工的につくられた「いかにもスポーツのための施設」ですが、他にもスポーツや運動のための場所があります。例えば公園・余暇地などはその代表格。くつろいだり、簡単な運動ができ、子どもたちも遊べますね。さらに湖、川、河川敷なども実に「多機能」な場所です。カヌーやヨット、釣りなどのスポーツができるほか、キャンプなどもできるでしょう。散歩やジョギングなどのコースにもなります。冬の雪が積もった日には、ちょっとした丘では子どもや親子連れがソリで滑って遊ぶ。また池や湖が凍るため、アイススケートが行われることもあります。

ジムなどを経営する、ある民間企業の調査によると、公共のスポーツ施設やスポーツクラブ、利用しやすいフィットネススタジオなどの「スポーツインフラ」が充実したところは「健康的な地域」になりやすい。[5] 個人の自覚的なモチベーションも大切ですが、環境が整うと人はより関心を持ちやすいということです。実はこの考え方、19世紀の都市計画に見られ、今日にも引き継がれ、発展しています。

「ドイツらしさ」として映るのが森です。日本で「森」といえばどちらかといえば、「山」というところがほとんどですね。もちろんドイツでも山はあり、そこはトレッキングやマウンテンバイク、ロッククライミングなどのスポーツができます。一方で平地の状態で森が広がっているところもたくさんある。ドイツの童話に「赤ずきんちゃん」「ヘンゼルとグレーテル」といった森が舞台になったものがありますが、ドイツの自然環境から出てきたお話と見ることができるでしょう。それだけ危険な場所でもあり、畏敬の念もあったことがうかがえます。

(2) 運動・健康インフラとしての森

森のはなしをしておきましょう。

樹木は昔から経済資源ですが、現在では余暇・教育・健康といった面からも重要です。例えば私が住んでいる近所にも森が広がっています。拙宅はどちらかといえば中心市街地に近いのです

5　Anna, S. (22. 5 2019). *Studie zeigt: So sportlich sind die Deutschen wirklich.* Von Focus Online: https://www.focus.de/gesundheit/gesundleben/fitness/studie-zeigt-so-sportlich-sind-die-deutschen-wirklich_id_10746295.html abgerufen.（２０２２年12月15日閲覧）

が、町全体がちょうど森に囲まれたようなかたちになっているため、市内のどこに住んでいても比較的森にアクセスしやすいのです。

例えば、日曜日。朝8時ごろにジョギングに出かけると、中高年の人が目立ちます。マイペースで走っている人、夫婦でノルディックウォーキングをしている人、犬の散歩をしている人などさまざまです。ときにはすれ違いさまにアイコンタクトをとったり、「おはよう」と声をかけあうこともある。

そのまま9時、10時となると若い人が増えてきます。小さな子ども連れ、ベビーカーを押した若い家族の姿もよく見かけるようになる。また、後に述べるように、同市は自転車道の整備を先駆的に始めた都市の一つなのですが、森も自転車で走りやすいように標識がついている。そのため、平日の朝夕は通勤・通学の「自転車ラッシュ」になります。日曜日のお天気のよい日などは、グループやカップル、家族連れでサイクリングにでかけ、森を通る人もけっこういます。

森を運動のインフラとして見たとき、その機能を遺憾無く発揮したのが、新型コロナ感染の流行した2020年の春です。ドイツでも外出制限がかかったのですが、日本のような「お願い」ベースではなく、警察がコントロールする「制限」です。この制限についてはさまざまな問題点がその後出てくるのですが、基本的な考え方は「みんなが自由に振る舞えるための信頼空間」を取り戻すための一時的な措置です。

「制限」の内容は同居家族など以外の他人との接触は最低限にし、公共空間においては他人と

1・5m、できれば2m以上とるというもの。しかし食料品の購入、通院など、「十分に説得力のある理由」での外出は認められ、個人のスポーツ・散歩もその中に含まれていました。

制限は段階的に行われたのですが、まず学校や幼稚園へも行けなくなり、公園が親子連れでいっぱいになりました。しかし、ほどなくして、公園も閉鎖。すると向かうところは湖などのある余暇地や森です。

筆者はコロナ禍以前から、時々拙宅近くの森の中を走っていましたが、公園も閉鎖されると、ベビーカーや子ども連れの家族、それに高齢者の夫婦の姿が増えた印象を受けました。人々の振る舞いを見ていると、「コロナ以前」に比べて、すれ違うときに距離を気にする人が多かったのですが、それにしても、エアランゲンの場合、広大な森のなかで、少々人が出てきても、問題はないと思えました。

(3) 都市文化としての森の歴史

「森の文化」に引きつけて見ると、ドイツらしさに気がつくことがあります。

例えばワンダーフォーゲルという山野を徒歩旅行する活動がありますね。現在も日本の大学にクラブやサークルのかたちであり、「ワンゲル」という略称で知られています。これ、実はドイツ発祥のものなのです。

19世紀末、ドイツは工業化と都市化が急激に進むのですが、同時に社会も急速に変化します。

これに対する青年運動として始まったものがワンダーフォーゲルなのです。自然回帰などがその特徴で、自発的に組織された小グループがハイキングを行いました。1901年がその誕生とされています。[6]

またハイキングそのものも啓蒙思想やロマン主義といったドイツの思想を背景に発展してきました。19世紀半ばになると、鉄道網が発達します。日曜日になると、徒歩ではこれまで行けなかったようなところまで、日帰りで自然を楽しみに行けるようになりました。特に都市の住民には人気だったようです。この感覚は現代のドイツ社会にもしっかり浸透しているように思います。

それから、この頃ハイキングのクラブができ、コースがつくられ、ハイキングが気軽にできる環境もどんどん整ってきます。このように見ていくと、ハイキングも社会変化にともなってできてきた野外活動であることがわかります。言い方を変えると、社会の発展に伴い、「自然の使い方」が確立されてきたかたちです。ちなみに、ドイツは国土の約30%が森です。

(4) 地域にはたくさんの公園があるべきだ

地域のスポーツ資源をみるときに、スポーツ施設に着目しがちですが、もう少し多目的な「余暇地」も地域にとって大切な場所です。その一つが公園です。ドイツ全国にどのぐらいあるのか正確な統計はないのですが、２０１０年代の後半、ベルリンで子育て中の日本人女性から、「日本に比べると、公園が近所にたくさんあるので助かる」と聞いたことがあります。ベルリンに限っていうと、1900程度。確かに実数は国内でも多いです。ただ住民一人あたりの面積は、0.6平方メートルにしかならない（公園法では1平方メートルの規定）。

それにしても、「公園が近所に多い」というのは私が住むエアランゲン市（面積77万平方キロメートル）でも実感します。私事ですが、筆者の子どもたちはこの町で育ちました。拙宅の近所には幼稚園児の手をひいて行ける距離に三つの公園がある。少し足を延ばせば選択肢はもっと広がります。同市の統計では公園の数は115、さらに森や芝生の空間がありますこれらは、どこからでもアクセスしやすく、よく整備され、「使える自然」になっています。加えて歩道や自転車道がきちんと作られているところが多いので、安全性も高いと言えます。

法的根拠で言えばバイエルン州では建物3棟につき芝生などの余暇空間を作る法律もあり、そのため「都市」であってもちょっとした緑の空間がある。街の中を歩くと、この法律が「効いている」と感じます。

6 Giesecke, H. (1981). *Vom Wandervogel bis zur Hitlerjugend Jugendarbeit zwischen Politik und Pädagogik*. München: Juventa-Verlag. S.18.

(5) スポーツ施設はどのぐらいあるのか？

地域のスポーツ施設はどのぐらいあるのでしょうか？

例として、エアランゲン市（人口11万人）を見てみます。かなりいろんなものがあります。

これらは自治体、スポーツクラブ、大学、企業、学校などのものを合計したものです。このように一覧にして見ると、11万人の地方都市の「スポーツ資源」の一端がよくわかりますね（**表7-1**）。裏を返して言えば、読者諸氏が住む自治体でもこのようなリストを一度作ってみてはどうでしょうか。思いのほか、自治体内にスポーツ資源があることや、逆に自治体の規模のわりに少ないといったことが見えてくるのではないでしょうか。

表 7-1　エアランゲン市のスポーツ施設

施　設	数
遊び場・レジャー施設	130
大小のスポーツ場	96
大小の体育館	53
体操競技場	31
ビーチバレーコート	21
コンディショニングルーム	19
テニス場	15（計 100 面）
射的場	8
400m トラックを持つ陸上競技場	6
クライミングホール	4
屋内プール	3
ローラースケートリンク	3
デクセンドルファー池の水遊び施設	2
サイクリング施設	2
カヌートレイル	2
サマーカーリング場	2
フィンバーン	1

出所）2022 年　同市スポーツ・健康推進部資料より筆者作成。

(6) 市民、行政、クラブで施設を作る

エアランゲン市を見ていると、市民・行政・クラブが相互に「近い関係」にあります。その一つの例が、人工の壁面などを登るスポーツ、ボルダリング施設でしょう。屋内・野外にクライミング用の壁が2000平方メートル以上あり、高さは最大18メートルとかなり大掛かりなもので2021年10月にオープンしました。しかし、この施設、単なるスポーツセンターではないのです。

まずこの施設の運営を担当するのは登山に特化したスポーツクラブ。そして地元の金融機関がスポンサーになっています。この時完成したボルダリング施設は全体の一部で、最終的には約1000席の四つのスポーツホールと同市の青少年局のファミリーセンターが作られます。そして建物周辺も運動と憩いの野外空間がデザインされています。

この施設は市民参加でコンセプトがつくられていきました。安定した地域社会をさらにアップグレードさせるというのが方針です。2018年7月に市の都市建築局が行ったワークショップでは関心を持っている市民に対して、自分のアイデアを積極的に提供することを呼びかけたところ、次の三つの分野が焦点になりました。

① 出会い・コミュニケーション・滞在
② 運動、遊び、体験
③ アクティビティ、スポーツ、フィットネス

このようにまとめてしまうと、とり立てて新規性を感じないかもしれませんが、ポイントはすべての世代を対象にしていることでしょう。そしてスポーツのみを目的にしているというよりも、「出会い・コミュニケーション、滞在」があがっています。日本風にいえば地域の「たまり場」とか「居場所」にしようと言う感じでしょうか。同市にはすでにスポーツ施設、余暇空間はかなり充実していますが、それを拡充させていこうというわけですね。

ドイツの都市開発の流れにそってこの出会いやコミュニケーションについて言えば、「都市は赤の他人の集まり」が大前提ということが反映されています。赤の他人がただ集まっているだけのところに、立派な建物だけを作っても仕方がありません。「なんとなく顔は知っている」というレベルから「家族ぐるみの友人になった」というものまで、色々な関係がたくさんできて、ようやく生きた「コミュニティ」になっていく。それゆえ知り合う機会を意図的に作ることが大切なんですね。

ひるがえって、この施設の名称は「市民・運動・健康センター」といいます。同市スポーツ部の部長ウルリッヒ・クレメントさんによると、市民、経済セクター、スポーツクラブなどのあらゆる関係者を関与することがこの施設づくりのタスクです。そしてそれぞれの利益を考慮しながら最善の結果を達成できるように取り組んでいるとのことでした。

(7) スポーツ施設はできるだけ「短く」つなぐ

川、池、森などの自然環境、人工的に作られた施設、これらは多ければ多いほど人々のスポーツ環境が充実していると地域ですが、次の問題は地域のどの場所にあるかです。自治体の行政にとっては都市計画の力にかかってくるといえるでしょう。

結論を急ぐと、ドイツのやり方は、数々のスポーツ施設（自然環境や人工的に作られた施設）をできるだけ、短い距離でつなぎ、誰でもできるだけアクセスしやすいように作っていこうとします。もちろん、パーフェクトにできるわけではないが、徒歩や自転車でも簡単に行けるようにしようとする傾向が強いです。逆にいえば、いくらハイスペックのスポーツ・運動施設を作っても、居住地域からはなれすぎたところにあるというのは、いかにも使い勝手が悪いといえます。

時々、日本の地方に見られるのですが、予算をかけたきれいな余暇施設やスポーツ施設が自治体の中で複数作られることがある。ただ、自動車を使わなければ、移動が難しいような配置になっているケースもあります。例えていえば、名付けて「失敗したイケメン福笑い」。

「かっこいい」とされる美男子は、目や眉、鼻なども、格好がよい「ハイスペックの顔パーツ」です。ところが、配置が大失敗すると、かっこいい眉と目が離れていたり、鼻が顔の外におかれている。これが「失敗したイケメン福笑い」です。

余暇施設やスポーツ施設のスペックは高いに越したことはありませんが、できるだけ自治体という「顔」の中で、アクセスのしやすい配置は重要。使いやすさは「価値」です。

ところで、エアランゲン市内の、ある地区における余暇施設に関する市のスポーツ健康増進部の会議にオブザーバーで参加したことがあります。そのときの顔ぶれを見ると、スポーツクラブの関係者たちも参加している。いわゆる行政・民間との「協働」が自然に行われているかたちです。そして、都市計画局からも参加者がおり、都市計画の観点からも進められているのが透けて見えるものでした。

(8) 自転車道のマルチ効果

自転車道はマルチ効果をもたらします。歩くか自転車で移動することは環境に優しく、健康にも良い。法定健康保険会社ＡＯＫによると[7]、自転車で30分走ると最大２５０キロカロリーを燃焼し、血圧を下げたり肥満対策にもつながる。また、自転車はジョギングよりも関節に負担が少ないという利点もあります。天気の良い日には気分転換にもなり、精神的な健康にも良いです。

連邦政府は「全国自転車交通プラン」（２０１２年）を策定するなど、自転車交通の増加方針を明確に打ち出しています。しかし連邦制の国らしく、かなり以前から多くの自治体ベースで整えられてきています。自転車移動は10㎞程度の短距離が理にかなっているということと整合性もある。

実はエアランゲン市は１９７０年代から自転車専用道の整備を開始した、先駆的な自転車都市の一つです。本書の視点から言えば「健康や運動」という観点で自転車道の利点を示しましたが、同市の場合、当時の市長がアメリカのモータリゼーションの様子を見て、ドイツも同様にクルマが交通の王様になりかかっていることに気づいた。それに対して取り組んだのが自転車道整備でした。環境保全に加えて「交通の平等」の実現という考えが市長にはありました。「クルマ」の走行を優先させると自転車や歩行者の安全性が大きな課題になります。人は自分で移動を選択するわけですから、どの移動方法でも最適速度と安全性をできるだけ保障されるべきです。これが「交通の平等」ですね。どのように進められたのかは拙著『ドイツのスポーツ都市——健康に暮らせるまちのつくり方——』（2020年、学芸出版）などでも触れていますので、もし興味があれば手に取ってください。

このような状況下、連邦運輸デジタルインフラストラクチャー省の資料（2018年）によると、36%の人が自転車通勤。さらに近隣都市や自治体内で自転車専用の幹線道路などが整備されると、自転車通勤すると思われる人が29%いるとしています。

ところで、2010年代後半に、筆者は仕事で東京を訪ねました。朝の通勤時間のオフィス街に出ると、自転車通勤の人が増えているのに驚きました。当時、自転車道も整備されつつありましたが、車道を走る自転車も多かった。世界でもトップクラスの都市・東京で「クルマが王様」

7 AOK Gesundheitsmagazin.（17. 9 2021）. *Fahrradfahren: Gut für die Umwelt und die Gesundheit.* Von AOK Gesundheitsmagazin: https://www.aok.de/pk/magazin/sport/fitness/darum-ist-fahrradfahren-gesund/ abgerufen.（2023年3月30日閲覧）

という時代の交通がそのまま残っているのはがっかりです。が、その後のどの程度整備が進んだのか、機会があれば見てみたいものです。

(9) ウォーカブルなまちはどこにある?

運動や健康という視点から「歩けるまちづくり」が日本でも議論されています。日本の農村部には美しい風景が多く残っていますが、実際には道路も狭く歩道もなく、クルマが主な移動手段です。都市部でも歩行者が楽しめる場所は限られています。一方、ドイツでは戦後、歩行者ゾーンが増えました。

ドイツの歩行者ゾーンは大抵「市街中心地」に作られています。中世発祥の都市などは市壁で囲まれ、その中に市場や市役所などが作られていきます。現在では壁が撤去されたところも多いですが、歴史的遺産として残しているところも多い。そしてまちそのものは壁の外へも広がりますが、中心発祥地は「自治体のへそ」のような絶対中心地のような空間になっています。

エアランゲンを見ても歴史的景観が残る中心地があり、そこが歩行者ゾーン化されています。歴史的建造物やお店、飲食店、市庁舎、オフィス、文化施設、広場などがあり、文化フェスティバルの開催時は「会場」と化します。さらに集会・デモの会場としても年200回程度使われています。「下からのデモクラシー」を重視しているドイツらしさと言えるでしょう。

このように、さまざまなものが集積する場所が中心市街地であり、そこが歩行者ゾーンになっ

図7-2　エアランゲンの中心市街地で行われたマラソン。
市外中心部の広場が「スタート」「ゴール」。
出所）　筆者撮影。

ている。このような高い集積の公共空間は日本や北米でも少ないと思われますが、「ウォーカブル」であることは中心市街地の魅力の一つであり、集積性を存分に活用するための絶対条件とも言えそうです。

スポーツに引き付けてみるとこうした市街中心地はマラソン大会などの「会場」としても使用されることがあります（**図7-2**）。ドイツの市街中心地は日本とは異なる特徴がありますが、地域のスポーツ・健康空間として自分たちの街を見直すことは価値があるでしょう。

(10)　緑を増やす

日本もドイツも農村部は緑が多いのは共通点です。かたやドイツの都市には森や芝生、街中の木々がたくさんあります。都市においてはスポーツ・運動環境という観点からいっても、緑は大きな要素なのですが、さらに緑を増やそうという声が大きいように思えます。

なぜこういうことになるか。それは都市の見方が大きな要因でしょう。中世の市壁で囲んだ都市は、まさに人工空間。常に全体を見る眼差しが必要です。現代でもそういう眼差しが具体的な手法や技術として散見されます。

人工空間という感覚は「自分たちの生きる空間を、常にいい状態にしなくてはならない」という考え方につながりやすい。これは公衆衛生とも親和性があります。「病気にならないみんなの空間」という「最低ライン」の健康環境空間づくりですね。さらに「もっと予防を、もっと健康を」という方向性が強くなると、人工空間全体を考えたスポーツ政策につながる。そんな理解ができると思います。このための大切な要素が「緑」なんです。

⑾ 「使える自然」を作るドイツ

自然に対する感覚も見ておきましょう。西洋と日本を対峙させたとき、「自然をコントロールする西洋」に対して、日本は「自然と共生する」という考え方があり、それに誇りを持つ人も多いと思います。しかし、ドイツの都市を見ていると、「自然のコントロール」とは、自然を保護しつつ、余暇や運動などに役立つようにしていくことであり、自然を社会的なものに転用し「使える自然」を作ることを指しているように思います。

緑が多いと、市民一人ひとりにとって居心地の良さがあり、ひいては幸福感につながる可能性があります。また都市全体への影響も十分に見出せます。CO_2の吸収、細かい埃をカットするフィルター効果などがそうです。夏場ならば都市全体の気温上昇に歯止めをかけ、冷やしてくれますが、これは環境問題に対する一つの方策であることは言うまでもありません。また植物が多いと大雨が降ってもスポンジのように吸収してくれる。騒音を低下させる効果もあります。すなわち、木々は「都市の緑の肺」であり、公共空間に必要な社会的要素というわけです。

ここで再びエアランゲンを見てみましょう。統計局によると公共の空間に4万本あります。こういう統計があること自体、興味深いのですが、これが「都市の魅力」として紹介されるのです。もちろん、これ以外にも個人宅の庭や集合住宅でも芝生の空間がきちんと作られ、木が植えられています。コロナ禍では公園までも立ち入り禁止になった時期がありましたが、筆者の住まいする集合住宅では芝生や木の下で小さな子どもたちとピクニックをする家族もいました。

一方、木々が大きくなりすぎると、切らざるを得ないことも出てきます。しかし、同市は条例で胴回り80センチを以上の木を切る場合、代わりの木の植樹を義務付けています。緑化率を下げないためなんですね。最近のドイツの傾向ですと、既存の都市を建築の面で開発するだけでなく、都市緑地のこともセットで考える傾向が強くなっています。

同市は自転車道や歩道はかなり高いレベルで都市全体に実装されています。中心市街地には歩行者ゾーンもあります。その上でさらに緑が増えると、それだけで自転車や散歩、ジョギングといったことが楽しくなりますね。今日、スポーツと地域を考えていくときに、都市計画の視点から見ることは必須です。

3 プログラムが地域スポーツを生きたものにする

(1) スポーツフェストは情報とコミュニケーションの促進

ドイツの自治体が、全体の土地利用をどのように考え、スポーツ・健康の環境を作っているのかを見てきました。しかし、施設や場所などがあっても、それだけでは十分ではない。これらは使い倒してこそ価値があります。エアランゲンを例にどのようなプログラムで「使い倒されている」のかを見てみましょう。

同市内には芝生が広がる場所があるのですが、数年に一度、市が「スポーツフェスト」を主催しています。名称を見ると、市民運動会のように思われるかもしれませんが、内容は「スポーツクラブ見本市」のようなプログラムです。

都市の中のスポーツを盛んにしているのは「スポーツクラブ」の存在です。スポーツクラブについては後に詳しく触れますが、組織形態はNPOとよく似たものです。ドイツ全国で約9万、エアランゲン市内には100程度あります。これだけスポーツクラブがあると、選択肢も多いというのは想像がつくと思います。スポーツフェストは広大な芝生空間に市内のスポーツクラブが

図 7–3　クリケットの説明をするインド出身の青年（左）。スポーツクラブは外国人にも開かれ、スポーツフェストは交流・体験・情報の場になる。
出所）筆者撮影。

自前の施設や用具を用意し、来訪者に扱っているスポーツについて紹介や体験をしてもらうというものなのです。

コロナ禍の状況が少し良くなった2022年の夏には久々に開かれました。形式はいつもと同じで、仮設舞台では、順番にクラブのプレゼンテーションが行われます。例えば空手を披露したクラブなどは、どういう稽古をしているのかを紹介。途中、ちょっとしたアトラクションで「センセイ」vs二人の空手家の戦いを演じてみせるのですが、「センセイ」が無敵すぎるのはご愛嬌。それでも家族連れや、若い人が食い入るようにみています。こうやって、空手の魅力を紹介していくわけですね。

珍しいものでは、クリケットのクラブが体験コーナーを作っていました。紹介をしている若者はインドから来た青年でした（**図7-3**）。エアランゲンはグローバル企業シーメンス社の医療技術分野の本拠地になっており、ハイテク系の企業も多い。また隣接する自治体にもアディダス、プーマの本社があります。そんなこともあって、外国からやってくる人も多いのですが、インド系の人たちはこのクリケットクラブに入ることがけっこうあるわけです。そんな「外国人」が多いクラブでも、こうしたオープンな場に出てきて、参加しているのがスポーツの力であり、社会に向かって「誰でもメンバーになれる」という間口を広く開けているのがクラブです。そしてメンバーになった外国の人自身が、クラブの紹介や説明、存在を伝える役回りになれる。そういう機会を市のプログラムで実現しているかたちです。

このように見ていくと、このスポーツフェストは市内にある「スポーツ（クラブ）」の存在を可視化し、訪問者はクラブ側の人と一対一でコミュニケーションが取れることに大きな価値のある、情報流通のプログラムと言えるでしょう。

(2) 社交機会のハイライト、スポーツマンのための舞踏会

「社交ダンス」というと、日本では高齢者の楽しみ、あるいは競技スポーツとして頑張るものというイメージが強いです。それに対し、ドイツの社交ダンスは目的も趣味・教養・健康といった意味合いが大きく、日本とかなり異なります。おそらくダンス人口もドイツの方が多いでしょう。そして、政党や、職業別など各分野で行われる舞踏会は、まさに「社交」様式です。エアラ

ンゲン市でもたくさんの舞踏会が行われますが、ここで毎年1月に行なわれる「スポーツマンのための舞踏会」を見てみましょう。

市内の大型ホールで開催され、毎年約８００人が参加。主催はエアランゲン市のスポーツクラブ連盟です。チケットを購入すれば誰でも参加はできますが、市内のクラブ関係者やメンバーがくること多いです。そのほかにも地元紙のスポーツ担当記者はじめ、市長夫妻、市のスポーツ部署の部長、スポーツ政策に関与している議員などが顔を並べます。また毎回、戦績の良い選手や、市内スポーツに特別な貢献をした人やチーム、クラブなどを対象に、地元の新聞による「年間スポーツ賞」の表彰式も行われ、新聞紙面でも大きく報じられ、市内スポーツの盛り上がりが伝わります。

舞踏会の話に戻しましょう。言葉は悪いのですが、日本でスポーツマンといえば、「筋肉バカ」「脳みそが筋肉」といった類の侮蔑の言葉があります。偏見を承知でいえば、典型的な「体育会系」の人たちが華麗にダンスを楽しむような雰囲気はあまりないように思います。

ドイツでも試合に出場して勝利を目指している人もいるのですが、全体的にはトップアスリートですら「競技は人生の一部分」という考えが大きく、「教養」「勉学」といった部分もバランス良く取り組む人が多そうです。そのせいか普段はスポーツにしか興味がないように見えるような青年が彼女と一緒に参加し、華麗に、そして楽しそうにステップを踏んでいるような光景にお目にかかることもあります。

興味深いのは1949年に出されたドイツのスポーツ行政に関する文書。[8] 知的で文化的なイベントで青少年を支援しなければ、フィジカルトレーニング一辺倒になってしまう。それではダメだ、という趣旨のことを書いているのです。深読みすると、ドイツでも知性や文化の教育をしなければ、フィジカルトレーニングばかりの「筋肉バカ」になってしまうという危機感があったのかもしれません。

ひるがえって、スポーツには人々の共通体験を通じて他者と知り合い、関係を深めていける力があります。舞踏会は社交機会のハイライトと言えるでしょう。

(3) マラソン大会は地域活性化の道具ではない

自治体のスポーツイベントといえば、日本で2000年代後半あたりから各地で開催されることが増えていますが、地域活性化を見越したものが多いと聞きます。これは地域外から多くの参加者を呼び込み、宿泊・飲食といった経済活動などを期待しているのでしょう。

ドイツのマラソン大会を見てみましょう。開催地の市民が参加する場合、自分の自治体に対する帰属意識を高める可能性やスポーツ振興といった効果が見込めます。さらに日本の自治体での議論にあるように、「外からくる人」による経済効果もあるかもしれない。しかし、ドイツでスポーツイベントの開催を「地域活性化」を目的にするような話はほとんど聞きません。ここが日本との大きな違いです。

ちなみにドイツ陸上協会の統計によると、新型コロナ感染症の流行が始まる前年、２０１９年には約３４００のマラソンイベントが行われていますが、小規模なものを入れるともっとあるのではないかと思われます。というのもエアランゲンを見ていると、市が行うような大掛かりなマラソン大会も時々あるのですが、毎年行われている小規模のものが結構あるのです。確認できるものだけでも２０１８年７月から翌年６月までの期間で六つの大会がありました。

主催はスポーツクラブ、ライオンズクラブ、大学病院です。またチャリティ型のもの、それから夜に開催されるナイトマラソン、市街中心地にある広大な宮殿庭園を回るものなど、それぞれに特色があります。

走る距離が総じて短いので、参加ハードルも低いのではないでしょうか。様子を見ていると、普段ジョギングを楽しんでいる人が、友人や仲間と参加するといったケースが多いように見受けられます。参加者の数は多すぎず、少なすぎず盛り上がっており、翌日の地方紙では写真付きの記事になっています。地域活性化といったものより、むしろ地域全体としてアマチュアからプロまで多種多様な「スポーツ」を充実させることで結果的に自治体の存在感、そして何よりも市民の生活の質を全体的に高めるという了解があり、その中にマラソン大会などのスポーツイベント

8　Sampels, J. (1949). *Kommunale Aportaufgaben Bericht über die Arbeitstagung der Leiter städtischer Sportämter.* Arbeitsgemeinschaft Deutscher Sportämter. S.13.

があると理解できます。これが、日本のように、経済効果を見越した「地域活性化」があまり前面に出てこない理由でしょう。

(4) 行政のプログラムにもカリスマあり

行政によるプログラムもたくさんあります。ここではエアランゲン市のものを二つ「1000ポイントプログラム」と「BIGプロジェクト」を紹介しておきましょう。

一つ目の「1000ポイントプログラム」は1970年代から行われている健康プログラムです。仕組は至って簡単。体操やボールを使った運動など、無料で「誰でもできる運動」を行うもので、毎年25回程度行われています。参加者はスタンプカードを持っており、一つの運動メニューにつき、一つのスタンプ押される。1年間でポイント数が1000程度になるような仕組みなので「1000ポイントプログラム」というわけです。場所は市内のスポーツ施設や公園、プールなどさまざまですが、それらの管轄は市だけでなく、企業の施設もあります。見方を変えれば地域内の「スポーツ資源」をフル活用しているプログラムとも言えるでしょう。また近郊へのハイキングやサイクリングといったことも行われています。

このようなプログラムが出てきた背景を少し説明しておきましょう。戦後の余暇の拡大、国民全体の健康増進の必要性を背景に1960年代に「万人のためのスポーツ」という動きがドイツ国内で高まります。エアランゲンの「1000ポイントプログラム」はそんな時代の中で生まれたものです。

このプログラムの見るべき点は、21世紀に入るまで、なぜ続いているかということでしょう。それはトレーナーのエゴン・フォン・シュテファニーという人物の存在が大きかった。2011年91歳で亡くなるまで現役で活躍。同市における「万人のためのフィットネスの父」として、その名前を冠したスポーツ施設もあります。

参加者たちの間では、パーティなどもよく行われており、フォン・シュテファニー氏が存命の時には、運動プログラムの楽しさを替え歌にして歌うようなこともあったようです。その歌詞の中には同氏のことも登場します。運動プログラムは温かいコミュニティにまで成長したわけです。

現在の「常連」の人々は、当時「若者」でした。皆そのまま歳を重ねており、新しい常連メンバーも加わることはあるものの、今日では高齢者対象の運動プログラムになっています。2019年の12月にはフォン・シュテファニー氏の100歳の誕生日にあたる日に、常連メンバーが市街中心地の宮殿庭園に集まりました。私も取材で訪ねたのですが、皆で元気に体操。その後、地ビールのレストランへ向かって行きました。私も「一緒に来ないか」と誘われたものの、別の予定があり行けず。レストランでの様子は見ることはできませんでしたが、さぞかしフォン・シュテファニー氏の思い出話で盛り上がったことでしょう（**図7-4**）。

図7-4　プログラム創設者の100歳の記念に市外中心地の宮殿庭園で集合。元気に体操をした後、地ビールレストランで皆でお祝いをした（2019年12月）。
出所）筆者撮影。

(5) 大学発、行政・スポーツクラブ外国系市民向けのプログラムの力

次に見るのが「BIGプロジェクト」。BIGとは「健康の投資としての運動」というドイツ語を省略したものです。社会的弱者の女性が対象ですが、もう少し具体的にいうと、イスラム教の女性などが参加しています。コースは水泳、自転車、ヨガ、ダンス、フィットネス・プログラムのズンバなど。それだけでなく市の市民教育機関で朝食会などもあります。ここでも市内の施設や運動空間をよく使っています。

プログラムは半年クールで組まれるのですが、ある年のコースでは参加は約350人。そのうちイスラム教の女性が6割程度。運動をする場所は、託児所完備で、スポーツクラブからやってくるトレーナーは女性です。イスラム教では女性は夫以外の男性と一緒いることが禁じ

られているため、完全に男性のいない環境を作っているのです。

参加費は1時間あたり1〜3ユーロ程度。感覚的には100円から300円です。これは、「運動のサービスに私もお金を支払って参加しており、施しを受けているだけではないのだ」という尊厳のための象徴的な「支払」になっているかたちです。これで経済的に困窮している人も参加しやすいというものです。

このプログラムの発端はエアランゲン大学のスポーツ・サイエンスの研究です。社会的弱者の女性は運動機会が少ないという結果を受けて、パイロットプロジェクトとして始まったのでした。

それから、このプログラムはデモクラシーの促進という意味もあります。ムスリムの女性たちは、どうしても社会参加が少ない。国や文化の違いといえばそれまでですが、ドイツはデモクラシーをベースにした国です。ドイツに住む人は、デモクラシーの価値観を知り、自主的に社会や政治に参加する必要があります。日本は投票率ばかりに注目されがちですが、ドイツは生きたデモクラシーを作ることにとてつもなく力を入れています。BIGプロジェクトもそんな取組みの一つになっているのです。

具体的にいえば、コースどのように進めるかを皆で話し合うのです。「え、そんな簡単なこと？」と思われるようなものですが、ムスリムの女性たちにとって自分の意見を述べるハードルが結構高いと思われます。しかし、コースに対して自分の意見を述べることで、当事者意識を持つことになるでしょう。異なる意見の人と一緒にコースを運営していくのかということを学ぶ。デモクラシーとは他者との共存の方法なのです。

このように、運動不足の解消のみならず、デモクラシーの価値観と実践を通して、ドイツ社会に参加していくことにつながっている。そしてこれが「多文化共生」の実現にも寄与しているのがわかります。

「学（大学）」が課題を抽出し、市内の施設・空間を利用しながら、官民（行政とスポーツクラブ）が一緒にプログラムを運営している形です。地域内の資源を効果的につなぎ合わせているおり、ここに「地域スポーツ」のあり方が見出せます。

(6) 市街中心地のスポーツ

ドイツの都市の歴史やイメージが日本と異なることは124ページで触れました。日本から見たときに想像が難しいかもしれませんが、市街中心地は歴史的建造物が織りなす景観は「これこそ私たちのまち」と思わせるものがあり、自治体のアイデンティティになります。そして人々が気軽に訪ねます。自治体の絶対的中心地、「へそ」といってもよい公共空間（皆でつかえる空間）です。歩行者ゾーンになっているところも多く、文化フェスティバルなどがあると、それこそ、中心市街地全体が華やぎます。こんな市街中心地がスポーツ空間になった例を四つ紹介しましょう。

①市主催のマラソン大会

市街中心地の広場をスタート・ゴールにして行われたことがありました。沿道はランナーを応援する人がいっぱいです。この時はそこそこ規模の大きいものだったのでゲストランナーなども招聘。他の地域からの参加者も結構来ていたと考えられます。

②クリスマスシーズンのスケートリンク

クリスマスシーズンになると、広場でクリスマス市場が開かれます。屋台などが並び、ホットワインを飲みながら、家族や友人たちと語り合う光景が広がります。そのすぐそばに人工のスケートリンクが設えられ、ウィンタースポーツを楽しめるようになっています。

③「広場ビーチ」でサッカー観戦

スポーツは「見る」のも楽しいですね。エアランゲンの広場は、毎年夏になると砂を敷き詰め「都市のビーチ」と化します。そこでは飲食などもでき、カクテルなどを片手に夏を楽しめる。友人、家族、グループでよく賑わいます。日本ですと「近隣の地域からも人を呼び込み、地域の活性化を狙おう」というような話になりそうですが、どちらかといえば、住んでいる人たちが楽しむためにあります。市街中心地のことを「都市社会の居間」と表現されることがあるのですが、その機能が際立ちます。サッカーのワールドカップがあった年には、この「都市ビーチ」の広場に大型モニターが取り付けられ、パブリックビューイングと化しました。これで中心市街地の魅力がいつもよりもさらに拡大した形です。

④ 社交ダンスで賑わい取り戻せ

元々都市の中心市街地は魅力がある空間ですが、コロナ禍は一気に中心市街地に打撃を与えました。小売店が次々と廃業して行ったのです。エアランゲン市は実はドイツ国内でも一人当たりのGDPがトップクラス。つまり購買力が高い市民が多い。それにしてもロックダウンは市街中心地に打撃を与えました。「自治体のへそ」が壊れてきている。エアランゲンのみならず中心市街地の衰退現象はドイツ全体で起こり、どの自治体も腐心しています。

その対策に廃業した店舗を文化施設などに転用し、求心力を下げない方針をとっています。2022年の夏には、その一環で、中心市街地の歩行者ゾーンの延長にある市営劇場前の広場で市内のダンススクールと市が協力し、社交ダンスのイベントが行われました。社交ダンスが盛んだからこそ成り立つ取組みです。

4 地域のスポーツ資源を使い倒すドイツ。

(1) 横断的分野としてのスポーツ

ドイツの地域で、スポーツのためにどのような施設や空間があり、どのような使い方がされているかを見てきました。そこには、市民・行政・クラブ、学校、経済分野などが相互に近い関係があります。

とりわけ、行政からみると、地域にとって、スポーツ・運動というのは極めて横断的な分野の課題です。エアランゲンのスポーツ部の部長の協力で、スポーツ部は行政内のどこの部局とどういう分野で協力しているのか。あるいは行政以外の組織とどのような協力関係があるのかを整理したことがあるのですが、極めて「横断的」であることが明らかになりました。[9]

例えば、森や緑地帯がスポーツや運動空間としても機能しているわけですが、こういう部分はスポーツ・環境問題・都市計画の部局と協力して取り組んでいます。

クリスマスシーズンに広場にスケートリンクが作られることを紹介しましたが、これは経済関係の部局との協力です。中心市街地の魅力を高めることで、「社会の居間」としての質を高め、

9 高松平藏（2020）『ドイツのスポーツ都市——健康に暮らせるまちのつくり方——』学芸出版。

小売業の売り上げにもつながる。これは経済分野の課題と重なるからですね。

ＢＩＧプロジェクトはスポーツクラブ、市民教育機関との協力関係であると先述しましたが、実は社会的インテグレーションインクルージョンを扱う部局との協力もあるのです。

(2) スポーツは幸福の手段だ

これらのスポーツの取組みの目的は何でしょう。ひとことで言えば地域に住む、あらゆる人。これは国籍、ハンディキャップの有無、所得、年齢などを問わず、すべての市民の健康と生活の質に貢献するものです。スポーツはそのための「手段」というわけですね。

１９４９年のスポーツ行政に関する資料でも、すでにそのような捉え方が見られます。州や基礎自治体は、スポーツを共通の利益とすることに貢献しなければならない、行政のスポーツ局は公共の福祉を担うのだ、と言う旨のことを書いているのです[10]。その上で、デモクラシーをベースにしている国では市民が自己決定で社会や政治に参加することが大切です。市民参加を通して作ったスポーツ施設「市民・運動・健康センター」（１２０ページ）などはその具体例です。

ここで日本の地方政策を見ると[11]、ドイツのような「手段としてのスポーツ」がないわけではありませんが、スポーツ関係者および関連団体のための政策という部分が目立ちます。スポーツの当事者の利益が「目的」になっている。

スポーツの当事者利益を政策の中心に据えているとすれば、それはいかにも偏狭で、スポーツの便益を理解しなさすぎるように思います。地域とスポーツという課題を未来志向で検討していくならば、まず現行の政策がスポーツを「目的」と位置付けているのか、それとも「手段」として考えられているのかを整理してみるべきかもしれません。

また、ドイツをみると、行政内のみならず、企業・非営利組織・教育機関など必要な部署や組織が協力しあっている。そして、スポーツを「手段」と位置付けている。こういうふうに組み合わせることで地域のスポーツ資源を使い倒していけるのではないでしょうか。

10 Sampels, J. (1949). *Kommunale Aportaufgaben Bericht über die Arbeitstagung der Leiter städtischer Sportämter.* Arbeitsgemeinschaft Deutscher Sportämter .S.2.

11 真山達志・成瀬和弥（２０２１）『公共政策の中のスポーツ』晃洋書房、１ページ。

第8章 スポーツクラブは実は「社会的組織」だった

1 似て非なるもの、スポーツクラブと草野球

(1) クラブの数、ドイツ全国に9万、日本は3600

すでに何度も出てきた、スポーツクラブについて触れていきましょう。読者諸氏の中にはスポーツクラブに詳しい方、運営に実際関わっているという方もおられるでしょう。そして、中には日本のスポーツクラブがドイツのものとは「どこかが違う」と感じておられる方もいるかもしれない。そこに焦点を当てて検討していきます。

まず、確認しておくと、スポーツクラブとは19世紀からあり、会員制の営利目的で経営されているフィットネスジムなどとは異なります。組織形態からいえば、「登録フェライン（Eigentlich Verein)」と呼ばれる法人です。フェラインという単語は古くから「協会」「クラブ」といった定訳があります。例えば歴史や合唱などのフェラインは「歴史協会」とか「合唱協会」といったよ

うに協会という定訳があてられていました。そしてスポーツフェライン[1]は「スポーツクラブ」のこと。英語でいえばスポーツのアソシエーション。日本に当てはめるとＮＰＯ（Nonprofit Organization／非営利組織）です。

日本と比べた時に目がつくのが数の違いですね。ドイツでスポーツクラブは約９万。それに対して日本を見ると約３６００（２０２１年）です[2]。

ドイツのスポーツクラブについて続けて見ていきましょう[3]。メンバー数１００人以下が圧倒的に多い。これを見ると、簡単に自分たちでも作ることができそうな気がしますね（**図8-1**）。

ドイツ全国で何らかのクラブメンバーになっている人は全国民の３割程度、その中で中規模のクラブのメンバーになっている人が多い。

また、一つの競技だけを扱っているところもあれば、複数の競技を扱っているところもあります。後者は日本で「総合型スポーツクラブ」として紹介されますが、ドイツで直訳できるような言い方は、私は聞いたことがありません。スポーツクラブの歴史をたどると、20世紀初頭に複数

1　オリジナルの発音にできるだけ近いカタカナ表記をすれば「シュポルトフェルアイン（Sportverein）」だが、本章では「スポーツクラブ」という表記で進める。
2　スポーツ庁「総合型地域スポーツクラブ育成状況推移（平成14年～令和３年）」より。ちなみに２００２年の段階で日本には約５４０しかなかった。約20年で７倍弱増えたということになる。
3　Breuer, C., Feiler, S., & Rossi, L. (2020). *Sportvereine in Deutschland: Mehr als nur Bewegung*. Bundesinstitut für Sportwissenschaft.　統計データは２０１７年のものベースに使われている。

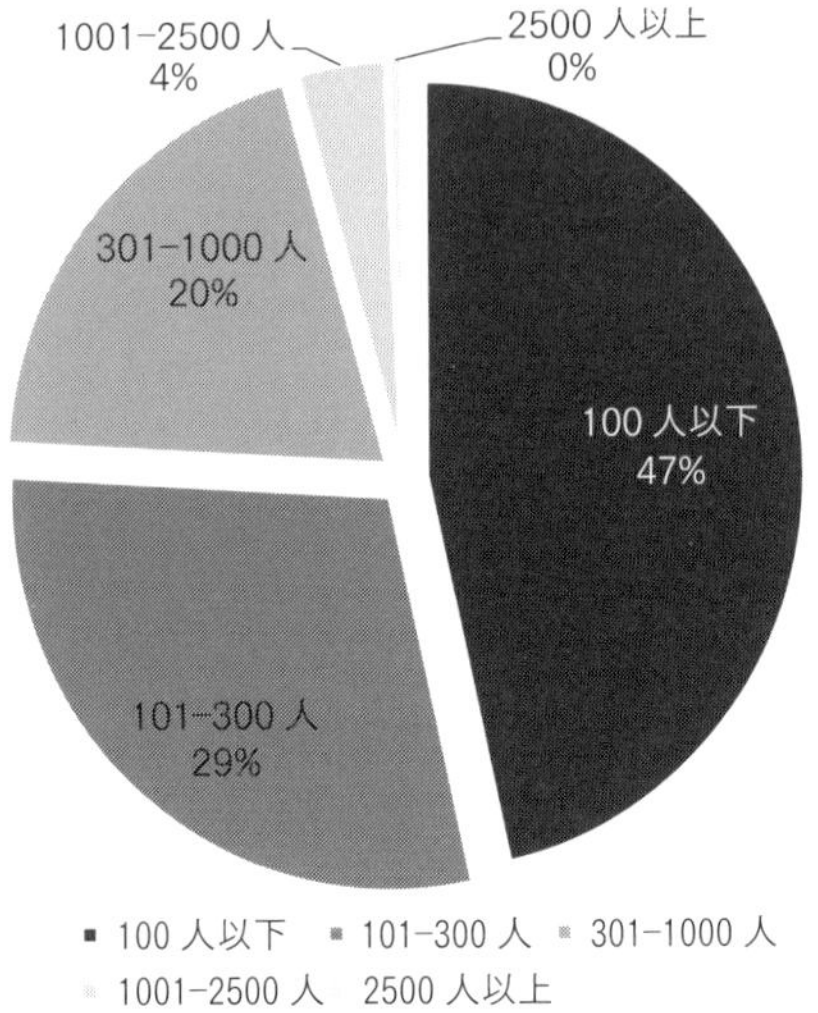

図 8-1　スポーツクラブの規模別の割合

出所）ドイツオリンピックスポーツ連盟　2022 年の統計資料をもとに筆者作成。

種目を扱う「混合型体操クラブ」といったようなものが出てきます。これを日本に紹介されるときに「総合型スポーツクラブ」と意訳されたのかもしれません。確かにドイツのスポーツクラブには名称に「混合型」という言葉を残しているところもあるのですが、今日、ドイツの日常でわざわざ区別して使うことはないように思います。

それにしても、日本とドイツのスポーツクラブの数の違いは「桁違い」です。この違いは普段の会話の中でも実感できます。ドイツで「子どもの時にサッカーをやっていた」というと、たいていはスポーツクラブのメンバーとしてやっているという意味合いで取られます。そして話が続きます。「今も（どこかのクラブで）やっているの？」

日本ですと、同じような会話があると「サッカー部だった」という前提で話が進むのではないでしょうか。

(2) スポーツクラブの本質とは社会的組織である

スポーツクラブの本質は何でしょう？　それは社会全体の同好会と言えると思います。例えば野球をやりたい人が集まって、チームを作りますね。そう、草野球です。最近ですと、フットサルを気のあう仲間と楽しんでいる人もいる。ちょうど大学などにある、同好会のようなものですね。

ただ日本を見ると、「同好会」は部活動に比べて「ゆるい」というイメージが持たれることが多く、（厳しい）部活動に比べて一段低く見られることがあると聞きます。下手をすると、試合に出る前提でトレーニングを重ね、「真面目」な態度で取り組むこと。これこそが「スポーツ」であり、リラックスして、笑い声が出てくるようなことをしているのは「スポーツではない。けしからん」という見方さえあるのではないでしょうか。この捉え方は日本スポーツの一つの特色と言えます。

しかし、ドイツのスポーツクラブを「趣味的」「同好会」のようなものという理解をするのもまた、正確ではないと思います。スポーツクラブにはメンバー同士は「スポーツを共にする（平等な関係にある）仲間」と言う考え方があります。それはお互いの呼び方によく表れます。

ドイツの二人称には家族や親しい人の間で使う親称「君、お前（ドゥ／Du）」と、初めて会った人などに使う社交称「あなた（ジ／Sie）」の二種類があります。親しい人には「ヘイゾー」「オリバー」とファーストネームで呼びあいますが、社交称で呼ぶ相手には「ミスター・タカマツ（高松さん）」「ミスター・カーン（カーンさん）」です。一般的には親しい呼び方になるまで、思いのほか時間がかかるのですが、スポーツクラブのメンバーになったとたん、「君・お前」と言う親しい呼び方をして、「ヘイゾー」「オリバー」とファーストネームで呼び合う。

それに対して日本の「体育会系」の考え方では1年違うだけで「先輩後輩」の縦型の序列ができます。これは何も部活動だけではなく、日本社会における特徴です。

このように、ドイツのスポーツクラブの人間関係を見ても、日本の「（体育会系）スポーツ」とはかなり異なります。

その上でスポーツクラブをもう一度定義すれば、「社会的組織」であると言うことです。この点を続けて考えてみましょう。

(3) スポーツクラブは「意識高い系」

日本に「意識高い系」という言葉があります。いくつかの意味があるようですが、その中には社会的な活動や政治への関心が高い人を指します。これに沿って言えばドイツのスポーツクラブは「意識高い系」の組織と言えるでしょう。

日本では意識高い系の人たちを冷笑したり、「面倒くさそうな人」と敬遠するようなところがあります。この感覚はあまりにもあまりにも日本的です。しかし、ドイツで社会的な活動や政治参加はごく普通のことなので、日本から見ると、ドイツのほとんどの人が「意識高い系」ということになってしまう。さらに「人」だけでなく、さまざまな組織も「意識高い系」です。そしてスポーツクラブもまた「意識高い系」なのです。

ここで、エアランゲン市の最も古く、6000人以上のメンバーがいる「体操クラブ1848エアランゲン」が自ら「あるべき姿」をあげている文書があります。それは次の四つに整理できます。

①歴史と実績への自覚

市内最大・最古のクラブで、卓越した伝統を誇り、かつさまざまな受賞歴もある革新的なクラブである。

②信頼性の高い組織

当クラブは市や州のスポーツ連盟等のスポーツ団体に所属する組織である。スポーツ施設を貸し出すこともあるため、顧客や、協力パートナーのための信頼できるパートナーであること。また「従業員」のための信頼できる雇用者であること。

③都市社会に欠かせないサービス供給者

競技、レジャー、フィットネス、健康スポーツを提供し、エアランゲン市の社会において、生活文化の一部として不可欠な組織である。

④開かれた連帯的コミュニティ

人種主義や差別に反対し、年齢、宗教、経歴、国籍に関係なく、誰にでも開かれている。そしてわれわれは寛容、社会的、連帯を重視したコミュニティである。

まず、①歴史と実績への自覚、②信頼性の高い組織、この二つは組織としての規模と歴史を表し、高度な組織であることを示しています。営利企業でも業界団体や従業員、顧客、投資家、ビジネスパートナーにとって信頼しうる組織であるかどうかは大切になってくるのと同じですね。

「意識高い系」が色濃く出るのが、③と④です。スポーツクラブが公共空間の中で、誰にでも開かれた組織であることを掲げています。それぞれを少し詳しく見ていきましょう。

③の「都市社会に欠かせないサービス供給者」の部分を見ると、エアランゲンの都市社会で、生活の質を支える役割を自認しているのがわかります。この自意識があるからこそ、地域スポーツの担い手という自意識が出てきます。草野球やフットサルでは出てきにくい発想だと思います。

難しいのが④の「開かれた連帯的コミュニティ」でしょうか。

これは誰もが自由に出入りできる公共空間の中に組織があることを示しています。さらにコミュニティとして重視している価値として「寛容」をあげています。そして人種主義や差別に反対する「誰にでも開かれている」組織であることがわかります。こういうテーマについて、日本スポーツで話し合われることはあまりないように思います。いかがでしょうか？

それから「社会的」であること「連帯」という言葉も入っていますね。この二つの言葉は日本から見ると馴染みのない概念ですので、もう少し見ていきましょう。

(4) 連帯・社会的がなぜスポーツクラブと関係があるのか？

「社会的」と「連帯」は専門家による多くの議論のある概念ですが、できるだけシンプルに書き進めていきます。

社会的というのは、ドイツで頻繁に出てきます。ここでいう「社会」とは「平等な人間の交際の総体」ぐらいの理解でよいと思います。ドイツにおける「社会的」というのは、「人間の交際」以上に「助け合い」といった意味が入ってきます。「利益社会」が進むと、時として「優しさ」が消えていくようなところがありますね。これを補う部分が「社会的」という概念です。具体的にどのように「優しさ」をつくっていくか、それが「連帯」です。個人個人が自主的に連帯することで、困っている個人を手助けするという理屈です。

ですからドイツで「社会的」というのは社会保障をさすことがある。失業保険や年金などは個人個人の「連帯」によって、お金をプールし、病気や高齢で個人の責任とはいえない理由で働けなくなった個人、貧困にある人を助けるという構造です。つまり、連帯は社会保障の原理なのです。

(5) 日本には「絆」があるじゃないか

「助け合い」としての連帯という言葉を聞いて、「日本には絆という言葉があるじゃないか」と思った方もいるかもしれません。特に東日本大震災のときは「絆」の大合唱でした。しかし、絆と連帯、似て非なるものです。

絆の語源を見ると、もともと馬や犬などをつなぎとめる綱をさします。現在使われている意味では「断つに忍びない恩愛。離れがたい情実」（『広辞苑』第3版）です。また「絆《ほだ》し」というと、逃げようにも逃げられない、自由に動けないようなさまをいいます。誤解を恐れずにいえば、絆で結ばれると、義理や人情を理由に永遠に束縛されてしまいそうなニュアンスすら見えてきます。こうなるとしんどい。また「親子の絆」などというと、美しいニュアンスで使われがちですが、裏を返せば切ってもきれない血のつながりを強調していることも少なくないです。これが集団に適用されると、よそ者が入る余地のない、社会に開かれていないどころか、むしろ排除性の高いものになりかねません。

このように「連帯」と「絆」を並べてみると、個人主義における「個人と個人をつなげる概念」が「連帯」であり、もともと地縁・血縁をベースの「離れることのないつながり」が「絆」というふうに整理すると、連帯と絆の違いがある程度浮かび上がってきます。

ひるがえって、西欧における「連帯」という概念は、個人が自主的に他の個人と結びつくことで、困っている人を助け、結果的に不公平・不平等ができるだけ小さい社会を作るという意味合いがあります。そのための個人主義の団結原理というふうに理解できるでしょう。スポーツクラブはその実践の場所だというわけです。こういう概念がスポーツクラブの運営の中に入っている。日本から見ると「意識高い系」ですが、ドイツにおいてはごく当たり前のことなのです。そして、この点が単なる「同好会」ではなく「社会的組織」である部分です。

2 スポーツは「習い事」ではない

(1)「引退」と言う言葉に驚いた

ドイツから日本社会を見たときに、違和感を覚える言葉や言い回しが時々あります。その一つが学校の部活動で聞かれる「引退」という言葉。中学生や高校生が受験などに向けて、部活動を「引退」するというわけです。

トップクラスのアスリートが体力の限界などを理由に、20代後半や30代で「引退」するのはわかります。しかし、常識的にいえば「引退」とは、もっと高齢の人の口から出てくる言葉です。それに対して、スポーツクラブは個人の自己決定で出入りをする組織です。そして10代の時にメンバーになって、そのまま大人になってもメンバーのままと言う人が結構います。

かかわり方も変化があります。例えば、10代の時は試合に出るためにハードなトレーニングをするが、大学生になってからは、勉強が本当に大変になるので、むしろ「気晴らし」「体力維持」「健康」「仲間との楽しみ」といった目的でトレーニングをする人もいる。そこには「引退」という言葉は見当たりません。ライフステージに応じたかかわり方をしている姿があります。

日本の学校に当てはめるならば、中学3年、高校3年の受験を控えた学年の生徒たちにこそ、気晴らしや健康のために「部活動」での運動が求められるように思うのですが、いかがでしょう。

(2) スポーツクラブは「コミュニティの参加」

「子どもの習い事？　英語と野球やらせてます」。この手の会話は、日本でよくあると思います。ここでの「野球」は学校の野球部ではなく、学外での活動を示しています。ではドイツのスポーツクラブが「習い事」の当てはまるかと言えば、かなり異なります。

習い事とは何か？　ここでは自発的に個人の技能や知識を得る教育的活動としておきます。保護者がお金を出して、子どもたちは学校外・家庭外で講師に類する専門家から指導を受ける。習い事とは市場経済における教育的なサービス産業です。

そして、多くの保護者は、習い事には月謝の類が発生することは承知しています。そのため、部活動の地域移行で、学外のスポーツクラブが大きな役割が担うことになると「(習い事の月謝のように) 経済的負担がかかるので、スポーツができない子どもが出てくる」という意見も聞いたことがあります。

しかし、２０２０年の調査によると、[4] スポーツクラブの毎月の会費は子どもが3ユーロ、青少年は4ユーロ、大人が8ユーロ。ドイツの生活感覚で言えば、３００円、４００円、８００円程度です。もちろん、クラブや競技によって上下はあります。またシューズ等の用具類に負担がかかることもありますが、クラブの会費を見ると極めて低料金です。２００５年の時の調査とそれほど変わっていません。インフレを考慮すると15年前よりも安くなっているそうです。またユニフォーム等は地域の企業によるスポンサリングなどによって無料、あるいは格安ということもよくあります。

会費が安い理由は明らかです。ドイツのスポーツクラブは原理的に言えば市場原理に基づいた教育的サービス組織ではないからです。収益の最大化ではなく、メンバーの利益を第一に考えているのです。そしてボランティアの存在も大きさも価格の安さにつながっています。

だからこそスポーツクラブは、「スポーツを核にしたコミュニティ」なのです。「スポーツクラブでサッカーをしている」と言えば、習い事ではなく、「サッカーを軸にしたコミュニティのメンバーになっている」と説明が妥当だと思います。

4 Breuer, C., Feiler, S., & Rossi, L. (2020). *Sportvereine in Deutschland: Mehr als nur Bewegung.* Bundesinstitut für Sportwissenschaft. S.67.

また、エアランゲン市では低所得者の市民に対して「エアランゲン・パス」というものを発行しています。このパスがあるとさまざまなものが割引されます。例えば、公共交通、市民教育機関、映画館、劇場、パスのパートナーになっている小売店、薬局などの他に、スポーツクラブがその対象です。低所得を理由に、文化的・社会的なものを生活から無くしにくくする社会福祉制度で、市民による連帯とも言えるでしょう。

(3) 親はどのぐらいスポーツクラブに期待しているのか?

「親」にとって、子どもの教育機会を増やしたい、あるいは子どもたちの試合で、親の方が過度の期待をしてしまう、ということはドイツでもよくあります。例えば子どものサッカーの試合で、親の「応援」の方がヒートアップしてしまうことや、試合の後自宅で「あの時、ああしていれば……」といったようなことを子どもに「アドバイス」するケースもあるようです。確かにスポーツの試合というのは、情熱とつながりやすい性質があり、審判の判定に決して行儀がいいとは言えない声を私も「客席」から聞いたことがあります。

このようなことを考慮してか、極端な親を制止するために、次のようなことを書いた看板を掲げることもあるそうです。

1. 彼らは(あくまでも)子どもだ

2. これは（あくまでも）ゲームだ
3. トレーナーは（あくまでも）ボランティアだ
4. 審判たちも（当然のことながら）人間だ
5. 我々はワールドカップにいるのではない

この看板について、私は直に見たことはないのですが、SNSで一時期話題になっていたのを閲覧したことがあります。それから、私が目撃した「行儀の悪い抗議」をした客席に対しては、審判がそれを制止し、「引き続きそのような抗議をする場合は試合会場から退場してもらいます」とピシャリと述べ、試合会場は静かになりました。

見方を変えれば、闘争心を抑制し、秩序ある行為であろうとすることは「スポーツ」の特性です。これを維持しようという力がまだまだ働いているともいえます。

(4) スポーツクラブにはこんなに多くの機能がある

スポーツクラブについて見てきましたが、最後にどのような「機能」があるのかまとめておきましょう。

①**運動**：これは通常のトレーニングを指します。年齢やレベル、目的に合わせた内容を行

なっています。

②**競争**：試合などに出場して、頑張ることです。日本でスポーツというと多くは試合などに出る前提になったものをさすのではないでしょうか。なお、ここでいう「競争」もあくまでも余暇時間の趣味としてのものです。

③**気晴らし**：お喋り・飲食・リラックスといった時間を過ごせます。これは仲間との楽しい時間です。勉強が忙しい大学生、家事・育児・介護・仕事などのストレス解放などが期待できます。

④**関与**：指導、審判、クラブ運営などのボランティアをさします。メンバーはクラブのスポーツサービスを享受するだけでなく、自由意思で職能・資格・時間といった資源を提供する形です。クラブはボランティアのプラットフォームと言えるでしょう。

⑤**学習**：技術向上のほかに、年齢・性別が異なる仲間との情報・意見交換を通じて行われる幅広い学習機会です。ひいてはデモクラシーの対話トレーニングの機会と言えるでしょう。クラブは「デモクラシーの学校」と呼ばれることもあります。

このように見ると、スポーツは決して「習い事」ではなく、生活の質、健康、趣味、社交、社会参加などの幅広い機能があるのがわかります。特に日本で「デモクラシー」がなぜスポーツと関係があるのか、ピンとこない人が多いと思いますが、それは後ほど詳しく触れていきます。

第9章 何を隠そう、余暇には社会創造の力がある

1 やっぱり日本は働きすぎ

(1) 学校滞在時間、生徒も教師も短い

スポーツクラブの施設が複数集まっている場所がエアランゲン市内にあるのですが、この辺りをお昼過ぎにぶらぶらしていると、次から次へと小学生から高校生ぐらいの子どもたちが出入りするのを見かけます。ドイツの学校は、日本の学校に比べて滞在時間が総じて短い。そして子どもたちはプライベートの時間に、スポーツクラブでスポーツをするのです。

学校の滞在時間について、「教師側」からも見ておきましょう。

教育分野は各州の管轄になっているのですが、バイエルン州の場合、小学校（1～4年生）で週28コマ。小学校以上の学校を見ると23～29コマが教師の「義務」になっています。

教師は授業の他に学校内での会議や保護者との話し合いをもつ時間もあります。このあたりは

教育に携わる職業としては避けられない仕事です。しかも「細切れ」に出てくる仕事ですので、それがストレスになり、バーンアウトする人も出てくることがある。

それにしても日本との大きな違いは、総じて学校の終わりが早く、授業が終わると帰宅する教師が多いことです。夏休みなども、例外はありますが、基本的には学校に出勤しなくても良い。夏休みが始まれば、家族と一緒にすぐにバカンスに出かけてしまいます。

こんな具合なのでドイツでは多くの人が「教師は働かない」という印象を持っています。しかし普段は自宅で採点や授業準備、授業研究などに時間を割いていますし、夏休みなども必要に応じて自宅で仕事をしています。

ドイツの学校のほとんどは公立です。公務員の法定労働時間は州や年齢などの条件によって異なりますが、40〜42時間。２０１５年に行われたニーダーザクセン州の学校についての実態調査によると、週の労働時間は平均46時間38分とやや長い。これは学校で授業などを行う時間と、自宅で働いている時間を合わせたものです。メリットは柔軟な時間の使い方ができることですが、裏を返すと夜や土日に働いていることもあるのです。教師は決して「働かない人」たちではありません。

とはいえ、日本に比べると、プライベートの時間をきちんと取りやすいと思います。スポーツクラブのトレーナーは少額報酬あるいは無償のボランティアなのですが、トレーナーとして活躍している教師も結構います。そして、もちろんスポーツクラブのメンバーとして仲間と汗を流している人もいます。

ところで、スポーツクラブではメンバーは「スポーツを共にする（平等な関係の）仲間」という考え方があると説明しました。生徒と先生が同じクラブに入った場合どうなんでしょう？　私が知る範囲では大学の教授と学生が同じクラブで汗を流しているケースがありましたが、彼らもファーストネームと親称で呼び合っています。

(2) 教師以外の職業の人も労働時間は短い

夕方5時ごろでも、スポーツクラブに行くと働きざかりの大人が汗を流しています。全体像で言えば日本よりも短時間労働。しかも職住が比較的近い人が多い。そのため仕事から帰ってきても十分に家族や自分のための時間がとれます。ドイツへ駐在にやってきた会社員の方が「ドイツ社会は一日が二度ある」とおっしゃっていたのはとても印象的で、ドイツのライフスタイルがよく出ています。もちろん、中には、特にマネージャークラスになると、労働時間が長い人も多いのですが、彼らも長期休暇はきっちりとっています。

一方、「働きすぎ」と言われて久しい日本ですが、実際のところドイツと比べると、どのぐらい違うのでしょうか？　33カ国、15～64歳までの男女を対象におこなったOECDの比較調査（2021年）によると、「有償労働／学校」に費やす時間は日本が最も長いです（日本33位／ドイツ14位）。一方、「無償労働時間」「余暇」に費やす長さを見ると、日本とドイツの順位は逆転します（無償労働：日本32位／ドイツ20位、余暇：日本31位／ドイツ4位）。

ここでいう「無償労働」とは日常の家事、家族の世話、育児、家族以外の人の世話、ボランティアなどを指します。「余暇」とは他者との社交、文化・娯楽・スポーツイベントへの参加、趣味、スポーツ・野外での活動などを指しています。ここでくっきり出ているのは、日本は日常の「仕事」「学校」の時間に多く取られているという点です。「無償労働」に関して、日本の男性は最下位です。家事、育児、ボランティアといったことをOECD33カ国のうちで最もやらない、と言わざるを得ないようです。

参考までに週あたりの運動時間も比較しておきましょう。Ipsos Global Advisor の29カ国を対象にした調査（2021年）によると、ドイツが2位、日本が28位です。OECDの統計と関連付けて考えていくと、日本は「労働時間が長く、可処分時間が短い」、ドイツは「労働時間が短く、可処分時間が長い」ということが言えるように思います。

それではドイツは怠け者の国かといえばそうでもない。国のGDPは日本（3位）ドイツ（4位）と世界トップクラスの経済大国です。ところが、一人当たりのGDPは日本27位、ドイツ18位。統計から言えば、日本は時間の使い方についてスマートな国とは言い難いです。

2 「余暇」は余った暇な時間ではない

(1) 自分が決める「労働時間と自由時間」

ドイツの人々は長期休暇をとることでもよく知られていますね。日常会話でも頻繁に「今年の休暇はどこへ出かけるか」「休暇でどこへ出かけたか」と言ったことが話題になります。

実際の様子を見ると、10日から2週間程度、休暇地でバカンスを楽しむ人も多いです。これだけ長期の休みを取るとなれば、同僚との調整が必要という意味もあるのですが、かなり前から「次はいつ頃、どのぐらいバカンスに行こうか」と計画を立てます。

また長期休暇だけでなく、例えば月曜日が祝日であれば、金曜日に有給休暇をとって、「長い週末」を過ごす人も結構います。

それから忘れてはならないのが「病欠」でしょう。有給休暇とは別枠なのです。だから病気になっても有給休暇がどれだけ残っているのかを気にせずに休めるようになっています。

日常を見ると、確かにドイツでも人々は一日のうちで長くいるのは職場です。しかし、「労働」「余暇」は並列の関係で、自分でその配分を自己決定するのだという態度が見出せます。余暇は仕事や勉強を中心に置いて「余った暇（時間）」のことをさすのではないのです。労働・自由時間を自分で決めていくという態度がなければ、いくら休暇制度を整えても有効に使えないように思います。

最後に法的根拠を述べておきましょう。労働時間は平日の労働時間は8時間。しかし6ヶ月または24週間内の平日の平均労働時間が8時間となるように調整した場合は、平日10時間までの労働が可能です（労働時間法）。

それから長期休暇の法的根拠が１９６３年に施行された連邦休暇法。最低限24日の年休を設定することになっていて、多くの企業は30日の有給休暇を規定しています。またＥＵも加盟国に対して、休暇の理想像とでもいうようなものを提示しています。ＥＵ加盟国に達成を求める「ＥＵ指令」というものがあるのですが、４週間の年次有給休暇が明記されています（ＥＵ労働時間指令、１９９３年）。

(2) 賢明な時間の使い方のために「余暇教育」がある

現在の「余暇」は19世紀の工業化に伴いできたもので、再び活力ある労働のためにリフレッシュすると言う意味合いがありました。労働時間の短縮と表裏一体で余暇が発達してくるのですが、それに伴い消費経済の発展ともつながってきます。自分で時間を決めているつもりでも、マーケティングや広告の影響を受けているようなこともあるからです。また、ドイツでの人々の日常的な余暇の使い方を見ると、インターネットの使用やテレビ・ネットフリックスの視聴、音楽鑑賞、スマートフォンを触るなど、「自宅の部屋」で過ごすことが上位にきます。

こういう時間の使い方も悪いというわけではないですが、同時に自由な時間を賢明に使うことを学ぶ「余暇教育」という概念もできてきます。自主的に、責任を持ちながら、そして自分の関心や趣味を発展させるという使い方ですね。さらにはグループでの共同活動なども大切な余暇教育です。グループの中で生じる対立の解決や、他人のことを配慮する。そしてグループ活動の成功に責任を持つことを学ぶというものです。

具体的には、ユースキャンプや学校でのプロジェクトなどで余暇教育がなされている形ですが、スポーツクラブなどもその一つということでしょう。いわば子ども・若者の人格形成や社会的能力の促進を考えた教育学的な概念です。

(3) 「スポーツは遊び」の意味がドイツでわかった

スポーツの定義の中に「遊び」という意味がありますが、今日に置き換えるならば「余暇」と解釈すると理解が進むように思います。個人的なことを述べると、実は私自身、「スポーツは遊び」という定義がいま一つ、ピンときませんでした。しかしドイツでのスポーツを見ていて、違和感が氷解。「遊び」を「余暇（自由時間）」に置き換えると、よく理解できます。

また、あくまでも余暇（＝遊び）として試合に出ているのが、ドイツのホビーアスリートということでしょう。それにしてもゲーム（試合）に勝ち負けが出てくるのは必然です。「勝利」には自分やチームの力を証明し、成功の心地よさがあります。シニアになっても試合に出ている男性に取材したところ「(勝利を目指して試合に出続けているのは) 勝利が麻薬のようなものだからかもしれないね」と返ってきたことがあります。それにしても、この男性もあくまでも余暇の楽しみとして、トレーニングを続けて、試合に出ており、スポーツは普段の生活のごく一部です。

それに対して、勝ち負けに人生をかけたものがスポーツである。そんな考え方が日本では大きいのかもしれません。

(4) ドイツは「余暇」で社会を作っている

ドイツの余暇にまつわる法的根拠と照らし合わせると、整合性が見出せます。

まず余暇とは何かを確認すると、仕事や義務から解放された自由な時間は人々にリラックスする機会です。それだけでなく、自分自身の興味や情熱の追求、才能の発揮といった個人的なレベルでの成長の機会になっています。これは憲法にあたる基本法で明記されている「人格の自由な発展」とよく合います。

それらスマートフォンの充電のように、労働には回復が必要です。そのバランスを促進する必要があるということを前提に、連邦休暇法は休暇をとる権利を規定しています。しかし、これは同時に人格の自由な発展のために使える余暇を保障することになっていると言えそうです。

さて、ここで述べた余暇はあくまでも個人に焦点を当てたものですが、実は社会の発展においても重要な役割をになっています。と言うのも余暇では人々が他者とつながり、社会的な接触をもてる時間でもあるからです。これが社会の一体感を強めるのにつながります。

また、人々が政治的な問題に取り組んだり、政治的議論に参加するのは余暇の時間です。例えば、政治的な集会やデモに参加するのもそうです。エアランゲン市の場合、年間200回程度、集会やデモが行われていますが、参加者はもちろん仕事やなんらかの義務で参加しているのではありません。自分の余暇を使っているのです。そのために書籍やネットからさまざまな「インプット」も行っている人もいるわけですが、これも余暇活動です。

さらに、余暇は、ボランティア活動や社会的責任を果たす機会にもなります。コミュニティや、教育、健康、環境など、さまざまな社会問題に取り組む非営利団体でボランティアをすることができます。余暇は人々の政治参加や社会参加を促進し、社会の発展につながるものだと言えるでしょう。そしてそういう余暇活動の場所の一つがスポーツクラブであり、社会を元気にするためのエンジンになっているわけです。

第10章 だからスポーツが「社会」や「デモクラシー」とつながっている

1 人間の尊厳とスポーツがなぜ関係しているのか?

(1) 「体罰がある日本」がバレてきている

ショッキングなことを申し上げましょう。それは日本のスポーツが外国からどのように見えているかということです。とりわけ私が住むドイツのニュースサイトを見ていくと、日本のスポーツには暴力が伴う、という趣旨の記事が複数あります。

通常、日本のスポーツ事情はドイツでそれほど注目されません。しかしながら、少しづつ、確実に、日本の決して自慢できない事実が「バレて」きています。中には「Taibatsu（体罰）」と日本語をそのままアルファベットで書いているようなものもある。すなわち、日本の特殊事情として考えられているわけですね。

(2) ドイツでも暴力はある

ドイツでも暴力やいじめなど「暗部」がないかといえば嘘になります。

２０１０年代の終わり頃から問題視されてきたのが、アマチュアサッカーの試合中、審判に対する物理的な攻撃が報告されるようになりました。[1] また、指導者と選手、特に高いレベルで試合に出場する未成年のアスリートが、言葉やジェスチャーによる性的虐待や、スポーツウェアをチェックするときの過度な接触といったようなことが報告されています。[2] サッカーの試合に関しては、集団心理などの視点から分析が必要でしょう。

それにしても指導者・選手のあいだでは、日本のような露骨な暴力はドイツではまずないと思います。日本の「スポーツ」を見た時、非常に硬直した集団の場合、選手たちが指導者の顔色をうかがい、ピリピリした雰囲気が立ち込めるところもあるのではないでしょうか。ドイツの記事では「軍隊のような日本スポーツ」という表現がなされることもあります。

では、なぜ日本は指導者が虐待のようなTaibatsu（体罰）をするのか。それは、選手たちの動

---

1 Deutschlandfunk Kultur. (5. 1 2020). *Einsatz gegen Gewalt auf dem Spielfeld.* Von Deutschlandfunk Kultur: https://www.deutschlandfunkkultur.de/amateurfussball-einsatz-gegen-gewalt-auf-dem-spielfeld-100.html abgerufen.（２０２３年３月31日閲覧）

2 Deutschland Behinderten.（kein Datum）. *Gewalt im Sport.* Abgerufen am 3 2023 von Deutscher Behindertensportverband――National Paralympic Committee Germany: https://www.dbs-npc.de/psg-im-sport.html.

機付けの一つの方法ということでしょう。だから「愛の鞭」などという言葉で「良いこと」として表現されてきました。

(3) ヨーロッパの価値観の中にあるスポーツはある

人権とか権利、人間の尊厳、といった言葉を聞くと「大袈裟だ」とか、「そんな言葉を振りかざすと『意識高い系』」と言われる」「権利の発想で語るのは虫唾がはしる」などと考える方もいるかもしれません。ところがドイツは人権などの諸概念が社会の細部にまで宿っており、それを基準に多くの議論が起こります。これらの概念は西欧で発達したので、当然と言えば当然かもしれません。

こういう背景を考えると、指導者が選手に行う性的虐待も、あくまでも実際の「性的接触」のない範囲で起こりやすいのも頷けます。というのもあからさまな性的虐待は完全にアウトですが、しかしグレーゾーンを少しづつ拡大するような人権侵害をしているように見えます。もちろん、こういう指導者はどう考えても支持できませんが。

それに対して、日本のスポーツ集団では、そもそも人間の尊厳や人権という言葉がそれほど大きな価値基準になっていないように思えるのです。そこが、同じような問題があっても、日本・ドイツ、根底のところで質的に異なる点ではないでしょうか。

ドイツの憲法に相当する基本法を紐解くと、自由、平等、連帯などの民主主義の基本的な政治的価値観が提示されています。その中心的な価値観は「人間の尊厳」であり、基本法では人間の尊厳の保護が最優先されています。

人間の尊厳とはなんでしょうか？ それは相互に敬意を払うことです。実際の行動としては、相手をモノや道具のように扱うことや、主体性を削ぐような扱いをすること。これが人間の尊厳を否定した行動です。

当然と言えば当然ですが、ドイツのさまざまな組織・機関はこうした価値観の上に立脚しています。これは学校やスポーツクラブのあり方についても同様です。この価値観はドイツのみならず欧州全般に広く了解されています。

少し違う視点からも検討しておきましょう。政治哲学の議論に「生権力」という概念があります。どういうものかというと、近代以前の権力とは、支配者が従属者の殺害及び殺害の可能性を示すときに現れました。それに対して近代的権力は住民の生命や健康をまず配慮する「生権力」が政治の目的となりました。この「生」をさらに分けると「死んでいないこと」と「善き生・徳を持った生」の二種類があります。[3] この考え方は「人間の尊厳」とも親和性が高いですし、スポーツ政策はまさに後者の「善き生・徳を持った生」のためのものと言えるでしょう。

3 大澤真幸（2021）『新世紀のコミュニズムへ――資本主義の内からの脱出――』、NHK出版。大澤は生政治について、フーコーの議論と、それを継承したジョルジュ・アガンベンの議論を整理している。

2 生きたデモクラシーにこだわるドイツ

(1) 投票だけがデモクラシーではない

スポーツクラブが「デモクラシーの学校」と位置付けられていることを先述しました。しかし、いきなり、これだけを聞くと、「なぜ、スポーツとデモクラシーが関係あるのか？」と関連性がピンとこないと思います。これについて触れていく前に、デモクラシーについて整理しておきましょう。

まず、デモクラシーと言えば、思いつくのは選挙ではないでしょうか。日本で政治参加とか民主主義を促進しようといった場合、「選挙に行こう」ということを強調される傾向があります。確かに選挙は首長や政治家など期間限定の統治者を決めるデモクラシーの重要な側面です。そしてこれは、選挙で選んだ政治家たちによって政策が決められていく「代議制民主主義」と呼ばれるものです。

しかしデモクラシーがきちんと機能するには多くのことが必要です。選挙だけがデモクラシーではないのです。また、もう少し普遍的な意味合いで言えば、デモクラシーとは共存の方法です。すべての人が平等な関係にあり、自由に意見や考えを述べ、意思決定のプロセスに参加する。これによって共同生活ができることを指します。一方で、自分の意見を述べても、その通りになりません。その点ではデモクラシーは「妥協のプロセス」という側面もあります。ただ、ここで大切になるのが、共通善の追求が暗に含まれているということです。「共通善」とはギリシャ時代に始まる議論がある概念ですが、例えばバイエルン州の憲法では、人間の尊厳を伴った、すべての人々生存を保証すること、すべての人々の生活水準の段階的向上ということを示しています。

それから、「決まりにくさ」に耐えることも必要です。何しろ自分が自由に意見を述べることということは、他者も自由に意見が述べられるということです。耳を傾けなければいけないのも当然、意見が違ったりするのも当然です。

そして次に必要なことは、共通善とは何かを考えつつ、共通の目標のために妥協するということです。その点でデモクラシーは「コミュニケーション」のための時間をかなり多くさかねばならないものです。

(2) 「デモクラシークラブ」としてのドイツ社会

デモクラシーというのは、実は完成形がなく、国や地域によっても違います。ドイツと日本では様子が違うのもそのためです。とりわけ非欧州系外国人の私から見ると、ドイツは「デモクラシークラブ」とでもいうような社会です。どういうことかというと、まず「クラブ」というのは自分の意思で参加するもので、強制的ではありません。しかしながら、できるだけ多くの市民、いやできることなら全市民が「自主的に」デモクラシーに参加することが求められます。そのために地方自治体を見ると、あらゆるところにデモクラシーが生きたものになるように設計されているのが見出せるのです。さらにドイツは「下からのデモクラシー」をとても重要視しているのも、地方分権型の国家とよく合います。

デモクラシーは自分の意見を妥協するプロセスという一面がありますが、「共通善」ということを常に考えて妥協しなければならない。これは感情や他者からの威圧などによる妥協ではなく、極めて理性的な行為です。

また、自分の意見を形成するには、現在の政治や社会がどのような状態にあるのか。それらが自分の利益とどう関係するのか、ということを知らねば、意見形成ができません。そのための伝統的なメディアが新聞やテレビ、ラジオ。そして最近ではSNSなどがそうです。同時にこれらのメディアがどのような特性があるのかを知る必要があります。そのためドイツの学校では年齢に応じたメディアリテラシーを学びます。

エアランゲンを見ていると、成人対象の市民教育機関なども現在の社会・政治問題について無料の講演会をかなり頻繁に行います。そして、図書館。こちらも多くの情報や知識を得るための宝庫です。加えて劇場なども、現実を批判したり、現実とは異なる世界観を、演劇作品を通して上演することで、政治的な議論を活発化させるという役割も担っています。この考え方を見ると、文化政策もまたデモクラシーを生きたものにする役割があり、ドイツではそれが自覚的に行われています。

こういう教育は小学校から始まっています。街の中の問題について、解決する方法として、市役所に訴え、それで駄目なら地元新聞の投稿欄に投稿し公論化を計る。それでダメならデモを行う、という順序を小学生に教えることもあります。[4] デモは意見表明の一つの方法であり、政治化につながります。

4　高松平藏（２０１７年10月22日）「ドイツの小学生が「デモの手順」を学ぶ理由」東洋経済 ONLINE: https://toyokeizai.net/articles/-/193857.

第11章 ドイツ視点で、どう見える？日本の社会・デモクラシー・スポーツ

1 そもそも日本には「社会」がない!?

(1) スポーツを見ると、その国・地域の社会が見える

ドイツの地方から「スポーツ」を見てきましたが、例えばアマチュア・サッカーでは皆、ピカピカのシューズを履き、きちんとした品質のボールを蹴っています。その様子だけを見ると、日本の「スポーツ」とだいたい同じと言う印象を受けます。平和で経済力のある国の姿です。

しかし、なんとなく同じでも、背景にある国の制度、国の価値観などが大きく異なっているのがおわかりいただけたと思います。裏を返せば、スポーツからその国の社会が見えてくると言っても過言ではない。

他方、ドイツの様子を知って、「日本は遅れている」「ドイツが羨ましい」「ドイツの制度を導入しよう」などと思わないでください。ドイツも時代によっては、高い身体能力と規律のあるス

ポーツマンは兵士の理想像として考えられたこともあるのです。

そのようなことを鑑みると、論点は自分たちの国や社会はどのような価値を大切にしているのかということでしょう。ここがスポーツのあり方を左右すると言えるのです。

ドイツは「デモクラシークラブ」のような社会だと述べましたが、例えば、自治体のスポーツ行政に関する文書で、少なくとも１９４９年の段階で、スポーツは、国家生活と共同生活の全体に対するデモクラシーの教育手段として非常に重要だと述べています。[1]

(2) 自覚すべき、日本スポーツの「環境変化」

その国や社会が大切にしている価値がスポーツのあり方を決めている。そういう見方をした時、昨今の日本スポーツで、以前は「普通」だったことが、なぜ「問題」になったのか、これが大切な論点です。

例えば、ドイツのメディアで「軍隊のようなスポーツ」と言われる集団的自我を強調するような日本スポーツのスタイルや、「しごき」を通して勝利を目指すことに注力する狭量なスポーツイメージ。それに先輩・後輩という上下関係の価値観。かつて、これらはなぜ問題ではなく、現

1 Sampels, J. (1949). *Kommunale Aportaufgaben Bericht über die Arbeitstagung der Leiter städtischer Sportämter. Arbeitsgemeinschaft Deutscher Sportämter.* S.2.

在は問題なのか？　それは今日の環境が変わったからです。

そして、環境が変われば、スポーツも変わるべきなのです。

環境とは何か？　それは人口動態、経済構造、価値観といった社会そのものの変化をさします。

ところが、ドイツから見ていると「部活動の地域移行」の議論は瑣末で矮小化したものが多い印象があります。研究会やセミナーなどを見ても、事例の開陳がほとんど。問題に対する解決策として、なんらかの取組みを行ったことには敬意を表しますが、社会全体の変化、これから私たちが作るべき社会、こう言ったものを前提に地域におけるスポーツが論じられることがとても少ない印象があります。

しかし「社会」とは何なのでしょうか？　日常、よく見る単語ですが、今一度整理しておきましょう。

(3)　社会とは何か

昨今、日本で「社会的責任」「社会に開かれた〇〇」「社会問題」といったふうに「社会」という言葉が、より多く、より新しい文脈で使われるようになったと感じます。

「社会」とはさまざまな解釈が可能な言葉ですが、日本から見たときに難しいのが、翻訳語であるという点です。西欧の歴史の中で生まれた言葉ですから、歴史が異なる日本では、中身の理解は難しい。その上で日本独自の使い方も出てきます。例えば「社会人」という言葉。一人前に稼いでいる人、特に正社員をさすことが多い。これを外国語で説明しようと思うと、定義が曖昧で非常に難しいのがわかります。

西欧でいう「社会」をシンプルに整理すると、「平等な人間の交際の総体」ぐらいの理解で良いと思います[2]。同時に、その「総体」そのもののあり方をさす言い方があります。近年日本でよく使われるようになった「社会問題」という言葉がそうです。

例えば、個人の意思決定や行動とは無関係に、貧困に陥るようなことがありますね。自己責任とは言い難い状態です。そういった人が一定数いると、「社会」そのものが、「問題である」と捉えます。そして救済の方法や、そういう問題が出にくくするための方策を考えます。

言いかえれば、個人の責任とはいえない貧困者が多数出てくるというのは「良い社会ではない」ということが前提になっています。つまり「社会」という概念には、自由や平等といった理想が最初から組み込まれている。そして、「社会」という言葉が発生した欧州、ドイツの感覚でいうと「自分が社会」です。自分たちで社会を作っているので、変えることも当然できるという理屈になるわけですね。

2 柳父章（1982）『翻訳語成立事情』、岩波書店。

(4) だから副業に反対が起こる、日本の世間

「社会」は外国語の翻訳として日本に入ってきましたが、それ以前、「人と人が関ってできている世界」を日本でなんと呼んでいたのでしょう。それは「世間」です。では「世間」と「社会」はどのように違うのでしょうか?

「世間」の原型は自分が属している血縁・地縁などの中にある権威を重視し、集団の調和を保つことに注力する世界観です。いわゆる「ムラ社会」のようなところですね。個人の自我よりも集団自我が優先され、年功序列などが幅を利かせます。あなたが若年者で、正論を述べても年長者の「年下のくせに生意気を言うな」という否定が成立するような世界です。社会はその逆、集団自我よりも個人の自我が中心です。あなたが若かろうが、偉い人の親戚だろうが自我を持った一人の人間として誰とでも「平等」な関係が基本です。

「世間」的な世界は、現在の日本でも生きています。学校もそうですし、会社などは戦後、最も発達した「ムラ」とも言えます。今日、かつてのような終身雇用制が強固ではなくなりましたが、それにしてもアイデンティティはどちらかといえば、働いている会社にあり、職業や資格は二の次です。ドイツの場合、自己紹介するとき「私の職業は秘書です」というように、自分の職業・資格が先にきます。しかし日本の場合「私はK社に勤めています」という言い方になる。

また集団自我が優先されるということは、内と外という感覚が強いということでもあります。例えば会社員や教員の副業問題がありますが、ルールや規定以前に、会社・学校という「内」に

属していながら、「外」でも別の仕事をするのが、感覚的にも馴染まないことが副業反対の遠因になっているように思えます。

ちなみにドイツの場合、むしろ雇用主が副業を禁ずることが原則的にできません。というのも職業の自由が基本法で保障されているからです。もちろん、副業が本業の勤務先の業務に障る場合はよくありませんが、ドイツの考え方から日本の副業問題の議論を見ると、なぜあれだけ大騒ぎするのか理解に苦しむところです。

(5) 「自分ごととして考える」と言う言い方はなぜ出てきたか？

このように見ていくと社会・世間は似て非なるものです。

「社会」は、自由や平等といった理想が組み込まれていて、それが達成できていなければ、変えようということになる。だから「社会問題」という言葉がある。「社会改革」をすべきで、「社会の発展」が大切になってくるわけです。ドイツのネイティブの「社会は自分」と言う感覚とよく合います。

それに対して「世間」とは変えようのない既定の枠組みがある世界観です。自分が世間を変えようという意識は見出しにくい。「世間問題」という言い方はありません。世間には理想を問われることはありませんし「世間改革」「世間の発展」という使い方はないと思います。逆に世間に改革を起こすなどというと、「波風を立てる空気が読めない人」になってしまいます。

一方、「自分たちで自分たちの地域のことをよくして行こう」という、西欧のデモクラシーや「社会」を想定した考え方も日本で大きくなってきました。しかし、「社会」と「世間」の二種類が混在しているのが日本です。「社会は自分」という感覚も薄い。そこで出てきた言葉が「自分ごととして考えましょう」という言い方ではないでしょうか。

(6) 日本の個人主義は、脱・集団自我

西欧における個人主義は、ごく自明のことであり、「個人の自由」「自己決定する自分」を重視する考え方です。しかし「自己決定で行える自由」が他人の自由を阻むのはよくない。こういうことを避けるためにあるのが「平等」です。逆に他人の自由を尊重しない態度は「エゴイスト」ということになります。

それから貧困や病気、何らかの身体の不具合があるときには、「自己決定で行える自由」がひどく限定されます。例えば、あなたが足を怪我して、車椅子の乗っているとします。階段しかない建物の中で上の階へ行きたいとき、その「自己決定」が実現できない。このとき、たまたま通りかかった人が、手助けをすると、あなたの自由を実現できるわけです。このような赤の他人同士の助け合いを「連帯」と呼んでいます。

繰り返しますが、個人主義とは自由に振る舞い、自己決定できることが大前提です。しかし病気や経済的理由で、そうもできない人もいる。そういう人たちを連帯で助け、これによってでき

るだけ皆が「自己決定できる私」でいられる。これが信頼性の高い個人主義の社会で、一人ひとりが「エゴイストではない俺様主義」といったところでしょうか。社会学者のエミール・デュルケーム（仏・1858～1917）にいたっては、連帯のない個人主義は社会の衰退につながると考えていました。

そして、この連帯という考え方は、より普遍的な意味を持ちます。例えば陸続きの欧州では戦争と難民の発生とワンセットです。ドイツで難民に対する風当たりは強いですが、同時に彼らを助けようという考えも大きい。これが「連帯」なのです。スポーツクラブが一時的な宿泊場所として自前の施設を提供したり、難民のための運動プログラムを作ることもある。困難にある人に対する連帯が発揮されているかたちです。

目を転じて、日本で言われる「個人主義」は、どちらかといえば集団自我を重視する考え方に対峙するものという意味で使われることがあるように思います。別の言い方をすれば、「ムラ」からの決別のための言葉とも言えるかもしれない。一方、ムラから出ていった人に対しては冷たいもので、もし経済的に困窮な状態になると「自己責任」と言われてしまう。

日本における「個人主義」には「自分勝手」「エゴイスト」といったマイナスのイメージが強いのは、他の「個人」とどのような関係を持つべきかという観点が抜け落ちていたからと言えそうです。

2 日本の民主主義はデモクラシーというよりエアクラシーだ。

(1) 日本に流れ続ける価値のダブルスタンダード

さて、同じスポーツと言っても日本とドイツ、その背景の違いを整理してきました。ドイツは学校もスポーツクラブも人間の尊厳を基盤にした国家の軸になる価値観の上に作られている構造になっています。

個人を見ると、一日のうち学校や職場にいる時間は確かに長いですが、日本よりも帰宅が早い。そのため、スポーツクラブなどで活動する「自由時間（余暇）」と「学校・仕事」が、感覚的には限りなく並列関係です。つまり個人も会社もスポーツクラブも社会の中で存在しています（図11-1）。

それに対してコントラストを大きくして言えば、日本は共通の価値観を基盤とする了解がなく、特殊なルールがある強烈な「内輪」がそれぞれ乱立している形です。これは多くの人が長時間、学校・職場という「タコツボ」が沢山ある構造で、タコツボの外での副業を禁ずる感覚とも重なって見えます。

地域移行の議論を日本の研究者や関係者と話している中で「学校そのものが閉鎖的」「スポーツ分野の世界は思いのほか視野が狭い」という指摘を聞くことがありますが、乱暴な言い方をす

■ドイツの構造（市民社会型）

メンバーの属性にとらわれずに楽しめるスポーツクラブが、
地域社会の一部になっているドイツ

図 11-1　ドイツの構造（市民社会型）

学校や会社に属していても、「自己決定する私」が基本。そのため、自分で「自由時間」を決める感覚が強く、その自由時間の過ごし方の一つがスポーツクラブ。

出所）筆者による図／「CEL」（大阪ガス株式会社 エネルギー・文化研究所発行）2019 年 3 月号より転載。

ると、各業界が「お上」から現場までタコツボチューブでつながっているようなものと想定した方が、「日本」の構造が明確に捉えられ、論点がはっきり見えてきそうです（**図 11-2**）。

ただ戦後の日本を見ると、タコツボ型構造を最大限に機能させた結果、経済的繁栄をもたらしたと言えそうです。「自己決定する私」よりも、強烈な「内輪」「集団的自我」を作り上げ、先輩や上司に従属する考え方が優先させました。こんな関係の中でも、最低限の敬意があればまだ良いのですが、しばしば人格を貶め、人権を無視するような「人間の尊厳」を

■既存の日本型構造（タコツボ型）

図 11-2　既存の日本型構造（タコツボ型）

日本では、人々は物理的にも長い時間、学校・会社で過ごし、「集団自我」を絶えず強化するような性質がある。そのため「唯一の世界」になり、社会的視野が広がりにくい。

出所）筆者作成。

侵食するようなことが平気で行われることもありました。そして、日本の長い労働時間も集団的自我がベースにあるからこそ、「余った暇（時間）」を余暇と呼ぶ形で正当化されてきました。

こうした要素が日本の「体育会系」というスポーツ文化につながるわけですが、この気質はそれこそ、霞が関の官僚の世界からヤンキーにいたるまで社会の「細部」に宿っていました。往年のスポーツは当時の社会ニーズと一致していたのです。

しかしドイツから見ると、それは「軍隊のような日本スポーツ」です。そして個人は他者への永遠とも言える忠誠や絆などの関係性で自分の存在を確認してきました。この個人のあり方は極めて前近代的です。「空気」を読むのも、他者の中で自分の存在を確認する行為です。誰が「上」なのか「下」なのかを知ることは、今いる場（タコツボ）で生きるための重要なことです。

前近代的なやり方を最大限にまで高めた日本ですが、このやり方に限界が来ているのが現代社会です。しかも日本の憲法を見ると個人の尊厳[3]、自由、平等など西欧的価値の言葉が並びますが、実際には基本的権利や責任の所在が実際と大幅に異なる。場合によってはこれらと対立するようなルールを学校や会社というタコツボの内側に作っている。ダブルスタンダードになっている形です。

(2) バズワードで動く空気主義「エアクラシー」

ドイツから日本社会を見ていると、ＳＮＳなどで爆発的に広がる「バズワード」のような言葉に弱いと思うことがたびたびあります。概念なき直感的言葉で、社会や政治が動くように見えるのです。

２０２１～２０２５年度を目標にスポーツ庁と文化庁が進める部活動の「地域移行」の議論を見ると、ある時期「教員の働き方改革」がバズワードのように飛び交いました。教員の長時間労働は、部活動のあり方を考えるべき背景の一つにすぎません。議論としては極めて矮小化したも

3 「人間の尊厳」ではなく「個人の尊厳」になっているところも十分検討する必要があるのだが、今回は触れない。

のです。この手のことは、過去を遡ると２０１０年代の「グローバル人材」や１９８０年代の「国際化」など枚挙にいとまがありません。

もちろん、ドイツでもキャッチフレーズの連呼はあります。しかし背景には理論が築かれていて、概念化されていることが多い。そして時代に応じて更新され、定義について入り組んだ議論が増えていくのがドイツの性質です。本章でもスポーツが基本法の価値観と繋がっており、倫理や哲学から組み立てられているのを見てきました。

ひるがえって、概念化がなされていない直感的言葉が連呼され、なんとなく社会が動いているように見えるのが日本です。今風にいえば「バズワード・ポリティクス」で、「バズワード」の正体は「空気」といったところでしょう。直感的言葉の連呼で空気ができてくるのです。この欠点は議論も浅く、矮小化したものになることです。しかし、これで社会や国が動くことがある。そういう傾向から言えば、日本の民主主義とはデモクラシーというよりもエアクラシーと考えてみると良いかもしれません。そこから、何をすべきかが見えてくるのではないでしょうか。

(3) 複雑に入り混じる三つのリアクション

学校・会社がタコツボ化するのは、日本の風土と歴史が背景にあると思います。しかしながら、少なくとも文書ベース（憲法）では近代的価値を明記している。この二重のスタンダードが錯綜しているのがこれまでの日本です。

統合 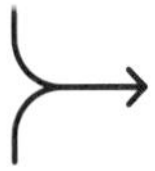	例えば「和魂洋才」。これは西洋に学びつつ、日本の精神を忘れないという意味。明治時代によく使われた。
礼賛 	西洋には日本にはない、より良いもの、進んだものという認識がベースになっている。「○○の先進事例」「○○に学べ」と言った使われ方をよくする。当然のことながら○○の部分はたいてい西洋の国が入る。
反発 	西洋礼賛に対する反発。「アメリカでは」「ドイツでは」と連発するような人物を「出羽の守」などと批判する。そして、日本で「古来のもの」と思われるものを過度に評価する。

図 11-3　二重のスタンダードが錯綜する「日本」の三つのリアクション

出所）筆者作成。

この錯綜の解決策に、統合、礼賛、反発の三つの方向性がありました（**図11-3**）。例えば、「和魂洋才」という言葉がありますね。これは日本の「独自性」と西欧から入ってきた「近代」の統合を図る動きと言えるでしょう。

そうかと思えば、西欧諸国を「（コピーすべき）先進事例のある国」「ドイツに学べ」と一方的な評価をすることがあります。そして実際にコピーしても、それは劣化コピーに終わってしまいます。考えるべきは制度や仕組みのコピーではなく、なぜドイツでその制度ができてきたか。その制度がなぜ成り立っているのか、と言うことを理解すべきなのです。その反対に、西欧を礼賛する人物を「出羽の守」と罵り、「日本スゴイ」と言った過度の日本礼賛に揺れます。

この三つの反応は時代により強くなったり、弱くなったりするのですが、人間に例えれば、精神的に極めて不安定な反応のように思えます。

第12章 地域社会の一部で、地域社会を作るエンジンとしてのスポーツ

ドイツのスポーツにある背景を紐解きましたが、スポーツが地域社会の一部になっており、同時に地域の社会を作るエンジンになっているのがおわかりいただけたと思います。

実際、誰もが日常的にスポーツができる環境作りは、個人にとっても、社会にとっても有益です。スポーツは仕事や学業以外の時間に楽しんだり、仲間と試合をしたり、自分に挑戦したりすることを可能にする。また、試合に出ずとも仲間とトレーニングそのものを楽しむ機会が増えることは、人々の生活の質を高めることにつながります。

企業にとっても、社員が日常的にスポーツにいそしむメリットは少なくありません。多くの社員が健康な状態で、しかも職場以外の価値観に触れる機会が多いと、視野も広がり仕事の質が創造的になる可能性があります。

地域社会にとっても有益です。学校、職場、年齢もバラバラでありながら、スポーツを通してできるコミュニティは、地域内の「つながりのホットスポット」になり、ひいては地域社会を元

気にするための「酵母」のような役割をはたすのではないでしょうか。

スポーツはまた、他者との精神的な距離を縮めやすいため、外国にルーツを持つ人や、ハンディキャップを持つ人たちも参加すると「誰も排除しない社会」の感覚が進むことも期待されます。

また、指導や審判をはじめ、試合の運営ボランティア、日常的なトレーニングやスポーツ仲間とのパーティなどのアレンジ係、こういったことに趣味としてかかわるのも良いですね。つまりスポーツはボランティア活動の間口として広い。

一方、日本のスポーツは勝利至上主義で学校の部活動が大きな部分を占めていました。しかし今日、草野球からフットサル、ジョギングなど、「遊び」「気晴らし」「健康」を目的に、気の合う仲間や個人で楽しむ人たちも増えているのも事実です。これらの趣味的なスポーツはドイツで行われているものに近いです。ただ日本ではコミュニティの課題やスポーツ政策、社会政策などと積極的に関連付けられることがありません。だからこそ、地域移行の議論では社会全般を見ながら、どのようなスポーツが必要なのかを議論することが望ましいのです。

そしてその上で、実際にその戦略を実践してみるべきです。もちろん無理があったり、時間がかかるものもありますが、そこで出てきた問題や課題をもとに、もう一度議論をして、再び実践を試みる。その繰り返しが重要だと思います。

とはいえ、長年かけて日本のスポーツを確立してきた組織・人材が、これからの社会の要請にあったスポーツの価値についての議論を進めることは容易ではないでしょう。日本ではスポーツを「どの時間に行うものなのか」という基本的な理解が整理されていないからです。

生活の質や健康、地域を大切にする社会におけるスポーツは、学業や働く必要のない時間が一定以上あることが前提条件です。つまりスポーツは余暇という位置づけです。

日本でも趣味的なスポーツを楽しむ層が増えていますが、強い選手の養成を中心的目的にしてきた部活動のスポーツは、まるで職業のような扱いで、これをベースに競技大会を組織する団体などが発達してきました。高齢者のゲートボールに「体育会系の雰囲気がある」といわれるのも、こういう「スポーツ観」が背景にありそうです。

ドイツ社会を見ると、個人にとって余暇と労働は並列関係で、その割合は個人が自身の都合に合わせて決定していく感覚が強い。自由時間とは仕事や学業の「余った暇（時間）」ではないのです。

日本でも労働時間の議論はつねにありますね。余暇時間が増えれば、スポーツ活動も増え、社会的インパクトにまで広がるのではないでしょうか。その点、スポーツの分野からも働き方について政治的発言をするべきです。部活動の地域移行問題は、人口動態の変化、経済構造の変化、価値の変化の中で必然的に出てきたものと言え、学校だけの問題にするのはもったいない。社会におけるスポーツの価値を熟議し、実装する機会と捉えるべきです。

第Ⅲ部

日本のスポーツを21世紀にふさわしいものにする作戦会議

時代に追い付いていない日本のスポーツをどのように改善していくか。日本、ドイツそれぞれの事情について互いに質問をしながら、日本のスポーツをよりよくするための作戦会議を行う。

1 有山篤利が高松平藏にドイツの事情についてきく！

1 Question 有山

日本ではコロナ対策でほとんどの部活動の大会が中止になって、多くの若者が絶望感を味わったとされていますが、ドイツでも同じような状況だったのでしょうか。

1 Answer 高松

スポーツクラブでは規制や安全上の問題から試合や観戦はできないが、トレーニングを継続する方法を模索する、これがドイツのコロナ禍での特徴でしょう。多くのスポーツクラブが、家庭内でできるエクササイズなどのオンライン・トレーニングを提供し、トレーナーとして活躍している人々が、メンバー限定で動画のURLを送るケースや、動画を一般公開する人もいました。私が住む町の新聞のスポーツ欄でも、そういった活動が大きく紹介されることがありました。また、屋外で少人数のトレーニングセッションが行われるケースがあるなど、総じて、通常のトレーニングの代替方法を模索していたかたちです。

また、一定の条件をつけて、トレーニングを行ったところも多かったです。例えば、初期にはマスク着用、トレーニング用具の定期的な消毒、密接な身体的接触の回避など、厳格な衛生要件が開発されています。その後、無料簡易テストセンターの普及に伴い、ネガティブ証明書の持参がトレーニング参加の条件に。また、ワクチンが開発されてからは、証明書の持参も加わりました。これらの条件をクリアしていれば、マスクなしでトレーニングを行うこともあります。

　ところでＷＨＯ（世界保険機関）は、健康とは、「肉体的、精神的及び社会的に完全に良好な状態であり、単に疾病又は病弱 の存在しないことではない」と定義しています。体を動かすことで肉体的にも精神的にも「病気でない状態」を実現します。さらにコミュニティなど社会的なつながりを持つことが「社会的健康」をもたらします。スポーツクラブはそれらを満たす「健康装置」とも言えるでしょう。

　これを地域社会から見たときに、クラブは、多様性と寛容が伴った、人々の社交の「ホットスポット」のような存在です。いわゆるソーシャル・キャピタルという観点からいうと極めて貴重。市民社会への自主的参加という意味合いもあります。

　そんなクラブが持つ文化に対し、２０２１年３月にドイツ・ユネスコ委員会の無形文化遺産に登録されています。ユネスコ委員会はクラブの「共通善に対する幅広い文化的志向」を強調。また「社会的価値を伝える学習の場」であることを明確に指摘しています。コロナ禍で、長きにわたりスポーツクラブの活動が停止されました。その対応にクラブ全体が腐心している中での大きな「励まし」です。

　このように見ていくと、「試合こそがスポーツ」という考え方は見出しにくく、スポーツに対する期待が日本とは異なることがよくわかります。

2 Question 有山

日本では「アスリートは競技に集中すべき」という論が強いように思います。ドイツでもアスリートは社会や政治の問題と距離を取るのが普通なのでしょうか？

2 Answer 高松

　ドイツでは日本でいう「筋肉バカ」という侮蔑の言葉を彷彿とさせるような人は見当たりません。

トップアスリートを目指す人でも当然、普通の教育を受けているからです。

ここでいう「普通の教育」とは「自分の意見を述べること」が通常の形《かた》のようになる教育を指しています。意見形成には、さまざまな事象を知らねばなりません。また西洋は個人主義だと言いますが、個人がどのような立場で、どんな意見を持っているのかを他の個人に説明しなければならない時がある。それに対して、勝利を目指す集団に埋もれて「集団主義的」になると、個人の意見の表明はあまり必要なく、むしろ邪魔。日独比較で構造的にこのような説明がある程度つきます。

他方、ドイツを見ていると「五輪の政治的中立性」の議論が目につきますが、スポーツと政治を分ける考えはユートピア的という意見もあります。政治的に自律した、理想のスポーツ文化がオリンピックといえますが、その実現には、政治的に狡猾に作られてきた。だから切り分けるということは最初から矛盾に満ちているわけです。

しかし、過去にはナチス時代のベルリン五輪はじめ、いとも簡単に「政治の道具」になった例がある。その点で「政治的中立であろうとすること」は必要なのかもしれません。

一方、アスリート個人を見ると、意見表明の自由は保障されるべきです。しかし、五輪の政治的中立性と常に対峙します。ただ、ここでいう意見の自由とはマイノリティや弱者の政治参加の保障、あるいは彼らへの連帯という文脈で理解ができます。具体的にいえば人種主義へ反対、自由や平等という価値の主張です。こういう政治性は五輪の理想と親和性高いですが、どういう基準で、どのような形で意見表明をするのかが論点になってきます。

これはスポーツクラブでも言えます。エアランゲン市内を俯瞰してもわかるのですが、クラブは地域の政治や行政と綿密なネットワークの中にある。健康政策やコミュニティづくりなどは政治的に正当化され、クラブは実践装置とも言える。その点でスポーツクラブも政治的なのです。

それでも自由な意見の表明は促進されるべきです。ただ、特定の政党的立場を取るのは中立的ではない。しかし他者の基本的権利を尊重する限り、「社会政治的な立場」をとることは可能です。

ひるがえって、スポーツはデモクラシーの価値観の中で行われるものと考えると、基本的に個人は自分の意見を自由に述べる訓練とそれが通常と考える環境が必要です。

3 Question 有山

日本でも学校でやっていたスポーツ（部活動）を地域（クラブなど）へ移行する動きがありますが、指導者に支払う謝金の捻出が問題になっています。ドイツのクラブでは指導者謝金をどうやってまかなっているのですか。

3 Answer 高松

スポーツクラブの運営支援を行う会社によると、[1] 例えば「体操」のトレーナーの謝金に関して言えば、1時間あたり4〜41ユーロ（580〜5900円／1ユーロ＝約144円）ですが、ドイツの物価感覚で言えば400〜4100円程度。ドイツにはトレーナーのための資格があるのですが、その持っている人のほうが当然報酬は多くなります。また、資格の種類によっても報酬額が変わります。それから一部に指導が生業になっている人もいるでしょうが、大多数は有償ボランティアです。

これは「副業」と捉えることもできますが、本業に差し支えない限り、ドイツでは問題はありません。むしろ何ら本業に差し支えがないにもかかわらず、雇用主が副業を止めることは禁じられています。法的に職業の自由が保障されているからです。これは日本でもあるはずなのですが、どうも議論が迷走しがちです。

報酬を支払うのは通常スポーツクラブです。連邦スポーツ科学研究所によると、ドイツで約60万人がトレーナーとして参加。その6割が有効なライセンスを取得しています。これらの人件費はクラブ支出の2割程度です。もっともクラブといってもメンバー数が100人以下から1万人以上までかなり幅があり、競技によっても支出の割合にばらつきがあると考えられます。それにしても、有償・無償にかかわらず、トレーナーの最大のモチベーションは「楽しさ」。そして社会的責任、利他主義、スポーツやクラブにある「デモクラシーへの参加」「コミュニティへの参加」という価値観の理解といったものからの内発的動機が高い[2]。

一方、この20年ほどで、「コミュニティに参加」というよりも「お客」のような感覚でメンバーになる人も増え、トレーナーに対して、過剰な期待を寄せる人もいます。しかし、スポーツクラブの会費は非常に安価です（155ページ）。それはクラブの目的が収益の最大化ではなく、会員の利益を代表することであり、メンバー間の協力があって、成り立つものです。そこが営利企業によるスポーツサービス供給者ではなく、非営利のスポーツコミュニティたる所以です。

日本の問題に置き換えると、いかにボランティア参加しやすい労働環境を作るか、デモクラシーに乗っ取ったスポーツコミュニティという考え方をどう作るか、そんな議論をしていくと良いかもしれません。

1 Yolawo.（2023/01/31）. Wie viel verdient man als Übungsleiter? Eine Übersicht über die Vergütung in Sportvereinen. 参照先：Yolawo：https://yolawo.de/blog/hoehe-uebungsleitergehalt/

2 Breuer, C., Feiler, S., & Rossi, L.（2020）. *Sportvereine in Deutschland: Mehr als nur Bewegung.* Bundesinstitut für Sportwissenschaft.

1

4 Question 有山

日本では部活動を地域に移行するときに、何かあったときの責任は誰がとるのかという点がよく問題になります。ドイツのクラブでは事故やケガなどはどのように対処しているのですか。

4 Answer 高松

スポーツクラブでのトレーナーには資格を取得している人たちが6割程度います。ドイツオリンピックスポーツ連盟によるトレーナーライセンスを見ると、ファーストエイド（応急処置）のトレーニングを受けていることが大前提になっています。しかし、自動車免許を取得する場合、やはりファーストエイドのコース取得が必要なので、基本的な応急処置の知識と処置方法を身につけている人が多いと思われます。

ドイツ全般を見ると「緊急事態」への初動がとても早い。躊躇がない印象があります。非ヨーロッパ系の外国人の私から見ると、隣人を愛し、他者、特に社会的弱者を思いやるようなことが強調されるキリスト教倫理の影響を感じます。実際キリスト教系の非営利組織（赤十字など）の存在が非常に大きく、救急車を走らせ、ファーストエイドの講習なども行っています。

また、試合やイベントが行われる場合も、救急隊員の同席が義務付けられていますが、やはりキリスト教系の救急隊員がやってきます。通常、彼らはボランティアです。それ以外にも地区レベルの試合などになると、資格を持ったメンバーがついたり、選手の親で、医師の人がついたりするケースを実際に見たことがあります。

複数の保険会社のウェブサイトを見ていると、すべての事故のうち9回のうち1件がスポーツによるものという数字がよく出てきます。サッカーが最も多いとのことですが、競技人口が多いことを考えると不自然ではありません。死亡事故は心臓が突然停止するなどのケースがごく稀にあるだけだと言います。

それでも残念ながらスポーツでの怪我は発生しますが、その保障は基本的には保険会社が支払います。実際、スポーツクラブ向けの保険が充実しています。基本的な補償以外にも、クラブ向けに遠足などに向けた「旅行保険」「物損」「サイバー攻撃」などに対応した商品もあります。子どもたちの試合には、保護者の自動車で相乗りしていくことも多いため、そのための保険もあります。

日本との比較でいうと「責任」の所在がはっきりしているため、個人で負うことのできない範囲については プロ、要するに弁護士や保険会社に頼むことが多いです。そのため一般に弁護士が必要になった場合を想定して保険に加入している人も多いです。

5 Question 有山

ドイツのクラブには、自前の競技場やおしゃれなクラブハウスやカフェ・レストランなどの施設が充実しているように思います。どのように資金を調達しているのでしょうか。

5 Answer 高松

クラブの施設づくり・改修には銀行から借り入れることも可能ですが、多くのスポーツクラブ(のみならず非営利組織そのもの)は小規模のものが多く、借入れ条件に達するところは少ないと考えられます。

ではどのように資金調達をしているのか? 全体像を示す統計類はなかなかないのですが、例えばエアランゲン市内、人口4000人の村のスポーツクラブではサッカー場を2面のうちの一つを2015年に人工芝にしました。その費用は、州スポーツ連盟などからの他に、300人の個人、約90社の企業・金融関係からの寄付によるものです。制度的に言えば、非営利組織には税制上の優遇措置などがあり、寄附や州・連邦などからの支援も受けやすい環境が作られています。

他方、ここで考えるべきことは、なぜおしゃれなレストランを作るのか、という動機の部分ではないでしょうか。

スポーツクラブにはさまざまな機能があることを紹介しました（157ページ）。社交を促すという側面を見れば、普段のトレーニングの後でクラブ施設内にある更衣室やシャワー、サウナなどがおしゃべりの時間です。さらにはキャンプや遠足、サイクリングなどに出かけることもあります。それは、若者だけでなく、高齢者メンバーを対象にしたものなどもある。クリスマスパーティやカーニバルの子ども向けのイベントなども行われます。社会的な交流をかなり重視しているということがわかります。だから当然レストランは大切になってきます。

それからドイツの場合、応援したい、共通善への連帯を示したい、社会的責任を果したいといった動機からの寄付文化があります。非ヨーロッパ系の外国人としてドイツ社会を見ると、教会での寄付行為もかなり影響していると思われます。寄付文化はその国の歴史や社会と密接ですが、それにしても日本は世界でも寄付指数がかなり低い国で、残念なことに「最も役に立たない国」の一つとして紹介されているドイツ語の記事を目にしたことがあります。公共（みんなで使うもの）に投資すればするほど、社会全体の生活の質が高くなるという考え方を広く持てるようにすることで、寄付文化が強くなるかもしれません。

ある調査によると、[1] 2017年の段階で9割以上のクラブがパーティや社交イベントを開き、6割以上のクラブが社交が可能なクラブハウス、クラブレストランを持っています。

1　Breuer, C., Feiler, S., & Rossi, L. (2020). *Sportvereine in Deutschland: Mehr als nur Bewegung*. Bundesinstitut für Sportwissenschaft.

6 Question 有山

ドイツでは、アスリートが出場する競技の試合と、スポーツ愛好家がでるレジャー的な大会（ブライテンスポーツ）の試合が存在していると聞きますが、どのようにして線引きが行われ、どのようにして運営されているのですか。

6 Answer 高松

結論をいうと、競技によってはアマチュアとプロフェッショナルが曖昧なものがあるのですが、まず試合に出る選手について、どういう分類があるか確認しましょう。

レジャー的なスポーツを「幅広いスポーツ（Breitensport ブライテンスポーツ、ドイツ語の発音にできるだけ近づけるとブライテンシュポルト）」と言いますが、明確な定義がなく、極めて口語的な用語です。何でも定義を明確にする傾向が強いというドイツのイメージとは少し異なります。現実的に言えばトップアスリート以外は「幅広いスポーツマン」をさすという理解で良いと思います。ホビーアスリートですね。

さて、曖昧さがここにあります。トップアスリートはスポーツによって報酬を得ているか、得ていないのか。目安になるのがブンデスリーガでしょう。

ブンデスリーガを直訳すれば「連邦リーグ」、全国リーグといったところでしょうか。サッカーの他にもたくさんの種目に「ブンデスリーガ」はあります。

サッカーを見ると13部までありますが、3部以上のリーグが「プロ」ということになっているようで

1

す。報酬を得て、それで生活している「フルタイム」の選手ですね。4部より下はアマチュアですが、クラブによっては給与を支払い、活躍している「フルタイム」の選手もいるようです。他の競技を見てみると、例えば柔道にもブンデスリーガがあります。しかし柔道の場合、学業や仕事を持ちながら、選手として活躍しているケースが多いと思われます。

また試合について、サッカーなどはリーグ戦が行われていますが、各州・各地域をとりまとめている競技連盟が運営しています。

他方、ドイツオリンピック連盟はレジャー的スポーツ（ブライテンスポーツ）と、競技スポーツを明確に分けて定義しています。競技スポーツとは、国内および国際レベルの最高レベルで行われるスポーツであり、競争とトップクラスのスポーツパフォーマンスの達成を主目的とするもの。レジャー的スポーツ（ブライテンスポーツ）は、心身の健康、健康、楽しさに焦点を当てたものです。この区別を元にそれぞれに独自の仕組みとサービスを行なっています。

連盟は、この二つの分野に対して独自の仕組みとサービスを提供しています。競技スポーツでは、アスリートは国内および国際的な競技会で成功するために特別なプロモーションとトレーニングを受けています。

2 高松平藏が有山篤利に日本の事情についてきく！

1 Question 高松

ドイツのクラブを見ると、競技が優れている人が組織の代表というわけではありません。日本でなぜそうなりにくいのですか。

1 Answer 有山

直接的には、いわゆる体育会系の序列が持ち込まれているのだと思いますが、ここはもう一歩踏み込んで文化的な考察をしてみたいと思います。日本には、「道」と呼ばれる考え方があります。私はこの問いに対する答えは、この「道」に深く関わっていると考えています。

「道」は、一般的に人がふみ行うべき道理を意味していますが、転じて学問や技芸の習得に伴う道徳的な修養のプロセスをさすことも多くあります。また、「道」と言うと尊敬や謙譲など日本的な価値観を想像しますね。それは誤りとは言えないのですが、十分に本質を言い尽くしているとは言えません。「道」とは本来はそのような汎用的な道徳ではないのです。それは、一言で言うなら「わざ」の極意です。

日本人は心技一体という言葉が好きですね。そう、私たちは一芸を究めた「わざ」の極意には、この世を円滑に治める真理や法則が内在していると信じているのです。[1]「そんなバカな」と言われるかもしれませんが、私たちの中にはこの思考様式が空気のように身体化してしまっていて普段は気付かないのです。

例えば、不始末をしでかした選手がその改心を示すのに、「これからのプレーで信頼を取り戻す」などと言いますね。これっておかしくないですか。プレーつまり素晴らしい「わざ」の出来と、改心という人格的成長がなぜ結び付くんでしょう。逆もあります。2019年に大相撲の元横綱の白鵬が、荒っぽい張り手やかちあげを多用して横綱の品格を汚すと批判されました。ルールで認められた技術を駆使しただけなのに、その技が荒っぽいというだけで人としての品格を疑われました。これらは、素晴らしい「わざ」には品格を保証する道理が備わっているから、横綱のようなすごい「わざ」の持ち主は素晴らしい品格を持っていて当たり前、という前提が無意識に共有できているから成立するのではないでしょうか。

欧米のスポーツでも教育として行われているではないかとおっしゃるかもしれませんが、日本の「道」とは全く別物です。欧米のスポーツ教育では、仲間との活動や上達のための過程に教育的価値がありますが、日本の「道」はそういった活動や過程ではなく、「わざ」そのものに道理があるというのです。おそらく、海外の方からすると奇妙な論理だと思います。私たちにとっては空気のように普通ですけれど。

「わざ」を磨くことは、人格を磨くことと同意です。それが本当なのかどうか分かりませんが、潜在意識としてはそうなのです。そういう「わざ」信仰みたいなものがあるので、スポーツに限らず、料理人や職人の世界など、「わざ」の錬磨を伴うものはすべて○○道となってしまいます。

だから、日本では「わざ」を極めたトップアスリートは、無条件に尊敬され信頼できる存在です。人の上に立つリーダーです。その人の指導力や計画力や組織運営力は、その優れた「わざ」が保障しているのですから。この考え方が、時としてとんでもない弊害を生み出すことはみんな頭では分かっていても、未だに「名選手＝組織の代表」なのはそういうことだと思います。

1　有山篤利（２０２３）『「わざ」を忘れた日本柔道』大修館書店。

2 Question 高松

いわゆる「体育会系」の中で使われている言葉やいいまわしは、ポエムのような感情にうったえるようなものが多いように思います。そしてこれが「体育会系」の文化をより強くするように思います。なぜ、そういう言い回しが多いのでしょうか？

2 Answer 有山

「青春ってすごく密なので」……２０２２年の夏の甲子園の優勝監督の言葉は有名ですね。確かに、ポエムです。高校野球は、数ある種目の中でも最も「体育会系」の色が濃いスポーツ活動です。高校野球に関するネットニュースをググってみると、「聖地甲子園」「笑顔」「白球」「夢」「希望」「高い志」「感動をありがとう」「勇気」「熱い想い」「全身全霊」「夏はまだ終わらない」「あこがれの舞台」「きら星のような輝き」……なるほどポエムのようなフレーズのオンパレードですね。

これは、高校野球がアメリカ的な消費ビジネス、つまりメディアが提供するショーという側面が強いことと無縁ではないと思います。ショービジネスですから、ただのドキュメンタリーでは面白くない。誇張や飾り、虚構という付加価値を付けて売る必要がありますよね。視聴者を夢の世界に誘うのですから、生々しい現実を見せてはいけません。ディズニーランドみたいなものです。そして、高校野球をロールモデルにして、体育会系スポーツはできあがっていますね。

また、日本のスポーツそのものがポエムの世界の産物として発展してきたとも言えます。第Ⅰ部、第Ⅱ部でも指摘されているように、それはスポーツが社会という現実から隔絶した存在だということに尽きると思います。最近少し変わってきましたが、日本のスポーツ活動は、まだまだ個人や社会生活を豊かに潤すリアルな活動というよりも、みんなの夢や希望、誇りみたいな抽象的な想いを集約する活動ですね。甲子園野球などはその典型です。

最近、「アスリートファースト」という言葉をよく耳にします。この言葉は、単にアスリートの競技環境や整えるための実質的な支援以上に、「アスリートは世俗のことに惑わされずに、自らの競技世界に没頭させてあげたい」という心情が込められているように感じます。ひねくれた解釈をすれば、アスリートが現実世界に出てこないよう、ポエムの世界に封じ込めようとする呪文なのかもしれませんよ。考えすぎでしょうか。

コロナ禍に見舞われた2021東京オリンピックでは、オリンピック選手に対して「感染症のことなど気にせずに競技に集中させてあげたい」という言葉が聞かれました。もちろん、選手を応援する善意の言葉なのですが、私は「スポーツマンは世俗、つまり実社会にかかわるな」と言われているようで、なんだかなあという気持ちになったことを覚えています。そして、現実、日本のアスリートはこの感染爆発という現実に向かって、言葉を発信したり行動したりすることはほぼありませんでした。

日本のスポーツは、社会という現実からは切り離されている。それが、このポエム的表現の多用であり、このポエムを呪文のように浴びせることで、ますますスポーツ活動は現実世界から遠い、きれい事として昇華されていくのだと思います。

3 Question 高松

日本では競技の戦績と特に私学の経営が密接に関わっているように思います。そういう構造に対する批判的な議論はありますか。また部活動の指導者にも大きなプレッシャーになっているのではありませんか。

3 Answer 有山

これは、悩ましい問題ですね。現在、部活動の地域移行の課題として、学校単位のスポーツ活動がなくなったら私学を中心とした特待生枠の入学制度、いわゆるスポーツ推薦が破綻するという議論が出ています。これを維持しようとすれば、地域で行っているスポーツ活動をもとに学校が推薦書を作成し、地域のスポーツ団体があげた実績を学校長が保証するというおかしなことが起こりそうです。

もちろんこれを好機として、過剰な集団主義や成果主義の温床ともなっている日本のスポーツ構造を変えていこうという意見は見られます。しかし、それは私学を中心とする学校経営に直結する問題ですし、何より、日本のアスリートのキャリアパス、つまりスポーツマンの人生設計にかかわる問題です。また、質問にもあるように指導者にとって、戦績の獲得が大きなプレッシャーとなることは間違いないのですが、逆にそういう環境に身を置くことを生きがいやモチベーションにしている指導者も大勢います。

加えて、Q1で説明した日本人の「わざ」信仰がこの問題を見えにくくしています。日本人にとって、技術の向上は単なるスポーツのスキルアップではありません。技術指導はイコール人材開発であり、高い戦績を保証する「わざ」は有為な人材の育成に直結します。もちろん、本当にそうなのかはわかりませんが、少なくとも、そのような暗黙の了解があります。高校野球を批判するわけではありませんが、甲子園の優勝校はみな素晴らしい人材育成をしていると報道されますよね。

だから、私学を中心とするスポーツ強豪校は評価も高いし、人気もある。つまり、戦績にこだわる学校経営を誰も正面切って批判などできない雰囲気があるのです。だからこそ、もし欺瞞が破綻して生徒の問題行動などが発覚すれば、逆に世間からは袋だたきにあってしまう。よくある光景ですね。

このように、非常に複雑な要素が絡む問題ですので、誰も解決の糸口さえ見えず、立ちすくんでいるのが現状のように思います。もっとはっきり言うと、目の前の部活動の地域移行に追いまくられて、このような複雑な問題には目を瞑って見ないふりをしているといった方がいいかもしれません。いずれにせよ、当然こういう議論が必要であることは分かっているのですが、現実はまだほとんど課題解決に取り組めていない。それどころじゃないというのが、日本の現状のようです。

4 Question 高松

日本では勝利至上主義ではない同好会のような部活動も一定数あると思います。なぜこういう部活動が可能だったのでしょうか？　そこに「スポーツ観」を変える糸口があるようにも思います。

4 Answer 有山

勝利至上主義ではない同好会的な部活動ですが、中学や高校では見かけない、というより存在しにくいように思います。部として活動しようとすると、中体連、高体連という競技組織に集約されるシステムですので。また、「競技に打ち込み、高い戦績を獲得しようと努力することが望ましい部活動である」という体育会系的価値観が支配的な中では、同好会を継続的に維持するのは正直難しいと思います。

私の感覚では、そのような自由で主体的なスポーツ観をもった若者は、もう学校にはこだわっていないような気がします。スケボーやダンスを楽しむ若者はその典型です。バスケットボールやサッカーなども、3×3やフットサルなどのように校外で好きな時間に好きなメンバーが集まってやるようなスタイルが普及しつつあります。

また、サッカーが典型例ですが、競技も学校外のクラブでやるというスタイルが珍しくなくなってきました。水泳や体操、テニスなどの種目は以前からそのような形態が多かったのですが、他の種目も学校依存を抜け出さないとその存立基盤が怪しくなってきそうです。若者のスポーツ観が変わりつつあるのに、多くの競技団体の危機感が薄いことは気がかりですね。

２０２２年12月にＮＨＫが、各都道府県の中学校体育連盟への取材をもとに運動部加入率を調べて発表しています（NHK NEWS WEB「〝運動部〟離れなぜ？」より）。その調査結果では、なんと運動部加入率の全国平均は下がり続け、今年度は59・６％と、初めて60％を割り込んだと報告されていました。この数字は、正確な記録が残る２００６年度以降で最低で、都道府県別に見ると全国の８割にあたる37の道県で過去最低だったそうです。また、その代わりに学校外のクラブで活動する生徒が増加していることも報告されています。

もちろん、これは少子化の問題や、中学校の部活動が強制加入から任意加入へと変わりつつあることが主因だと思いますが、若者のスポーツ観がすでに変わりつつあることも関係していそうです。新しいスポーツ観を持った若者の増加が、学校に拘らないスポーツ活動を後押ししているのでしょう。

中・高はこのような感じなのですが、これと対照的なのは大学だと思います。一部の厳しい強化運動部を除き、多くの運動部は学生の自主的な運営が行われていますし、質問にあったような勝利至上主義ではない余暇のスポーツを行う、いわゆるサークル活動も大変盛んです。

大学生と発達途上の中・高生を同列には語れませんが、この大学のサークル活動は中・高の運動部活動の未来を考える際に大いに参考になるでしょう。しかし、問題は競技スポーツには、中・高から大学の部活動へとつながるシステムや系統的な教育が整っているのに対し、余暇スポーツは大学のサークル活動につながるそれらが全く整備できていないことだと思います。

若者の多くが大学に進学する時代です。また、生活の質が重視される時代です。スポーツを活用した主体的な余暇の使い方を予習しておくために、運動部活動を大学のサークル活動へとどのように接続させるかは今後重要な鍵となりそうです。

5 Question 高松

部活動の地域移行というと、先生の働き方の議論がよく出てきますが、この20年ぐらいで注目された問題だと思います。昔の先生達は「働きすぎ」ではなかったのですか。

5 Answer 有山

質問にあるとおり、客観的に労働時間と言うことで見れば昔の先生は働き過ぎであったのは間違いないです。ただし、それは教員に限ったことでもありません。1947年に労働基準法が制定されたのですが、その後始まる日本の高度経済成長を支えたのは企業の残業文化とでもいうべき労働形態でした。私が生まれた1960年頃の平均年間総実労働時間数は2400時間を超えていたと言われます。厚労省が発表している2022年の平均年間総実労働時間数が1633時間ですから、とんでもない数字ですね。

ですが、これを労働者の負担感という心理的な面で見れば、少し違った見方ができると思います。これまでも述べたとおり、当時は経済戦争のまっただ中、「世界一豊かな国を目指そう」という国民全体で一致した目標があった時代でした。だから、当時の人は現代人のように働き過ぎという実感は持っていなかったと思います。むしろ、休むことに後ろめたさのようなものを感じていました。むろん例外はあったと思いますが。

その後、オイルショックを経て、１９８０年代後半からバブル経済が始まり、「Japan as No.1」という言葉に象徴される日本の経済的絶頂期が訪れます。１９８９年には栄養ドリンクのＣＭで使われた「24時間戦えますか」のフレーズが流行語になるほど、猛烈な働き方は「よきこと」として肯定されていました。その暗部を象徴する「過労死」という言葉が生まれ、定着していったのもこの頃です。

このような社会的な背景がありましたので、昔の先生は長時間労働に、負担感どころかやりがいを感じていた人が多かったと思います。むしろ、長時間労働を競うような風潮もあったことを、当時、高校教員をしていた私は覚えています。何より当時は、先生のそういう生き方が敬意を持って肯定的に見られているということを教員自身が自覚できた、ある意味幸せな時代でした。土日にボランティアで部活動指導をしても、それが罪悪ではなく敬意の対象になるのですから、肉体的には辛くても精神的には健康でいられたのです。

もちろん、当時の働き過ぎを賛美するつもりは毛頭ありません。ただ、１９９０年代はじめのバブル崩壊までの日本はそういう状況だったのです。若い人から見ると、びっくりかもしれません。しかし、そんな時代もバブル崩壊とともに終わりを告げました。

まず、対外貿易黒字による貿易摩擦が起こると、欧米から日本人の働き過ぎが批判されるようになりました。この外圧をきっかけに、日本政府は一気に労働時間の短縮という方針に舵を切ります。今では、週休２日どころか週休３日とか、在宅ワークとか、ともかく長時間労働は悪になりました。当然、制度的にも構造的にも長時間労働をせざるを得ない先生方の働き方は、賞賛の的から害悪の象徴になりました。先生方のメンタルが崩壊するのも無理ありません。

しかしもう時代は後戻りできませんし、昔はよかったという懐古主義では前に進めません。だからこそ、これまでのように、「スポーツをしないときがオフ」ではなく、「スポーツをするときがオフ」となるような運動部活動が学校に必要と考えています。

6 Question 高松

ドイツから見ると、日本の学校は生徒の個人に干渉しすぎ、人権侵害にも見えるものすらあります。これが部活動やスポーツ文化にも影響しているように思います。なぜ、そういうことが「普通」になったのでしょうか？

6 Answer 有山

確かに欧米に比べれば、個人の権利を侵害しているように見えるような事象が多いかもしれません。しかし、そう単純に言い切るだけではすまない問題も含まれているように感じます。

まず、日本では民主主義が根付いていないのではないでしょうか。こう言うと、誤解されるかもしれませんが、決して、民主主義国ではないと言っているのではないのです。制度やルールはすべて民主主義に則って設計されていますし、民主主義が最もベターな社会のあり方であるという考えは国民に共有できています。

ただ、肝心の日本人のエートス（民族や集団の特徴を形づくるような道徳や慣習など）に、民主主義と相容れない論理があるような気がするのです。それは、日本人が大好きな「和」の考え方です。

一見すると「和」は平和的で穏やかで、民主主義と共通する考え方のように見えます。しかし、両者には明確な違いがあります。民主主義は、「平等な立場での自由な意見交換による改善のプロセス」です。では、そもそも意見交換とは何か。それは、「私はこう考える」という個人の意思のぶつかり合いです。意見を戦わすには、まず、しっかりした個の主張、つまり自由な個性の発揮が必要なのです。そのためには、個の権利は何より厳重に守らなければなりません。

日本では、人と違うことをしたり言ったりすることを個性と表現しますが、あれは少し意味をはき違えていますね。集団と個人は対立概念ではありません。平和的な手段（話し合い）で、IとYouが対等な立場でぶつかり合い、よりよいWeをつくるのが民主主義です。個性というのは、集団を意識して成り立つ概念です。

ところが、日本の「和」は全く違う手法でWeをつくろうとします。IとYouがぶつかり合うことを避けるのです。というより、IとYouの境をつくらず、はじめからWeという単位で物事を捉えようとします。私は柔道をやっていましたが、相手の力を利用するのが柔道の技の特徴ですね。つまり、相手と私の間に境目をつくらず、相手の力を私に取り込んでWeの力で勝とうとする。これを、武道では「柔能く剛を制す」と言いますが、より普遍的な言い方をすればこれが「和」の原理ですね。

日本の「個」には、相手との境目がありません。いつも周囲に「忖度」し、「空気」を読み、「気配」を察してWeでいようとする。個性を立てないようにしてWeをつくるのですから、どうしても個の権利は希薄なものになってしまいます。集団での生き方を学ぶ学校で、IよりもWeが前に来るのはある意味仕方ないのかもしれません。

「和」にはさまざまに弊害もありますが、一方でそれは争いの起こりにくい優れた社会の運営原理でもあります。対して、民主主義は対立を避けて通れません。そう考えると、「和」が決してダメな考え方ではないと思うのです。一見人権侵害に見える運動部の上下関係も、考え方によってはあらかじめ序列と言う調和をつくっておくことで、不要な対立を避ける方法であるのかもしれません。

2

「和」は日本人のエートスですから、そう簡単に消し去ることは出来ません。大切なことは、「和」が「民主主義」とは微妙に異なる原理で、それぞれに一長一短があることを自覚すること。そして、場面や状況に応じて、それぞれをうまく使い分けるようになるのが望ましいことだと思います。

あとがき

――スポーツを地域社会のエンジンにするために――

日本のスポーツ活動は私たちの生活の質を高めているのか

「ヨーロッパではスポーツをするのがオフ（休息）の時間ですよね。でも、日本では（部活で）スポーツをしない時間をオフと言っています。」

本書を書き上げた今、第Ⅰ部で紹介したこの学生の指摘がまた脳裏をよぎります。日本でも、「豊かなスポーツライフ」とか「生涯スポーツ」などという言葉を普通に耳にするようになりました。しかし、日本のスポーツ活動の多くはストレスを解放するどころか、ストレスをため込むものとなっています。

人生は、労働や学修などの緊張を強いられるオンの時間と、睡眠や食事などの生活に必須の時間だけでできているわけではありません。これら以外にも、オフの時間としての余暇があります。余暇は単なる疲労回復の時間ではないのです。オフの時間の余暇活動を主体的に賢明に過ごすことができるかどうかは、自身のオンの時間の質の向上を促すとともに、周囲の人たちをも巻きこんで、家族ひいては地域の生活満足度にもかかわってくる問題です。

生活の質（ＱＯＬ）という言葉に象徴されるように、日本でも日々の生活の質が人生の豊かさを左右するものとして注目されるようになってきました。最近ではWell-beingという言葉もよく聞きます。スポーツに関しても、「生涯スポーツ」とか「豊かなスポーツライフ」という言葉が頻繁に用いられるようになりました。

しかし、日本で現実に行われているスポーツ活動は、このような時代の流れに応えるものになっているでしょうか。冒頭に示した学生の言葉を見てください。日本のスポーツ活動はオフの、時間になっていないのです。

「楽しくスポーツをしよう」というけれど…

この問題の典型的な例が青少年スポーツ、つまり、今話題になっている運動部活動です。「生涯スポーツ」とか「豊かなスポーツライフ」というお題目を掲げ、かけ声はいつも「スポーツを楽しもう」なのに、実際に青少年に提供するのは「辛い競技スポーツ」ばかり。「スポーツは本来、遊びである」と口では言うものの、実際に愉快にスポーツを楽しもうとすると「そんなものは本当のスポーツではない」として否定的な評価を下しがちです。

競技を通して己に厳しく向き合うのが正しいスポーツ活動のあり方で、ゴルフやボード、サーフィンを楽しんでいる人などは正統なスポーツマンの範疇にさえ入れてもらえません。趣味としての人ポーツ愛好者は、レジャーやただのお遊びをしている人なのです。

優勝を目指して厳しい修行に耐える競技スポーツに比べ、リラックスして笑い声が出るようないわゆる趣味のスポーツ活動は日本では一段低く見られます。また、そのような価値の低いスポーツを行う環境や条件の整備には誰も熱心になりませんし、保護者はもっと価値のあるスポーツを期待する。何より、活動する本人自身が「辛い競技スポーツ」との闘いに疑問を感じない。日本人にとって、「愉快な趣味のスポーツ」は、どこまで行っても「辛い競技スポーツ」のおまけなのです。これで、スポーツを主体的な余暇活動として愛好する人が育つわけがありません。

スポーツ活動は社会のエンジンだった

日本のスポーツは、過度の学校依存と成果主義がベースになっています。そして、スポーツに期待されるものは、もっぱら（勝利や感動などの）個人の欲求充足と人格的成長でした。スポーツ活動で生産される価値は個人に向けられ、スポーツに期待される機能はスポーツの世界に閉じられたままです。スポーツと外との接点は、せいぜい地域活性化と名付けた経済政策、金儲けであると言えば言い過ぎでしょうか。

これに対して、ドイツではスポーツという文化の取り扱いが日本とかなり異なっているようです。ドイツでは、スポーツ＝「辛い競技」ではありません。スポーツは個人の楽しみや学びでありながらも、スポーツマンは「都市社会に欠かせないサービス供給者」であり、スポーツの場であるフェライン（クラブ）は社会の「連帯的コミュニティ」として機能しています。スポーツ活動が当事者の満足にとどまらず、自分たちを取り巻く多くの市民の健康と生活の質の向上にかかわっているのです。スポーツが、よりよい地域社会を創造するためのエンジンとして活用されていると言えるでしょう。

余暇活動で行う「遊び」は、文化の質を高め、よりよい社会を創るきわめて高度な人間的活動です。スポーツという「遊び」に対しても、そういう捉え方が必要なことをドイツの例は示しています。私たち日本人は、本当の意味で「遊び」のもつ文化的・社会的意味を理解できているのでしょうか。余暇活動の重要性を理解できているでしょうか。それはそのまま、スポーツの真の価値を理解できていないことを意味しているように思えてならないのです。

日本のスポーツ改革は運動部活動という教育から

スポーツには個人の健康で文化的な生き方を創造するとともに、デモクラシーの問題をも含んだ社会生活の質向上に資する大切な機能があります。ドイツを見れば、それはよく分かると思います。残念なことに、日本のスポーツでは、この分野はほぼ未開拓のまま残されているようです。

そこで、注目されるのが運動部活動という教育です。この未開拓の分野にこそ、競技スポーツの裾野としての役割を終えた運動部活動の新たな存在価値を見出せます。少子化によってすでに物理的に不可能になった競技力の向上を、いつまでも学校に期待しても仕方ありません。今、運動部活動には、個人生活を豊かにする文化創造力や、よりよき市民社会をつくる社会創造力が要請されています。余暇活動の質を向上させる学びとして運動部活動を再編していくことこそが、これからの改革のメインストリームです。

もちろん、これは「辛い競技スポーツ」に価値がないという話ではありません。正しい実践さえすれば、日本一を目指す厳しい過程に優れた教育効果があるのは間違いありません。これは、優劣の問題ではないのです。「辛い競技スポーツ」、「愉快な趣味のスポーツ」ともに価値があるけれど、時代として後者の重みが増してきたということなのです。

運動部活動を、競技スポーツの裾野という位置づけから、賢明な余暇の過ごし方を学ぶ教育活動へと再編する。そうすることで、働き方改革への対応も含んだ快適な市民生活や、豊かな地域社会を創造するという社会的使命を果たす文化へと、スポーツを生まれ変わらせていくのです。

明治以来染みついた日本的なスポーツ観を一気に払拭するのは、そう簡単なことではありません。価値観は容易なことでは変わらない。だからこそ、教育という系統的な営みが必要です。運動部活動という教育に期待したいのです。働き方改革が問題になり、生活の質やWell-beingが叫ばれる現代にとって、遊びとしてのスポーツ活動の意味はますます深く重いものとなってきています。余暇のスポーツ活動には、生活を潤す豊かな文化を創造し、よりよき民主社会を生み出す力があるのです。

スポーツという遊びは、今や、単なるおふざけや気晴らしではありません。「スポーツという充実した余暇の時間」を友にして、個人生活をより豊かに、社会生活をより賢明に送ることのできる世界が実現することを願いながら、「スポーツを地域社会のエンジンにする会議」の幕を下ろしたいと思います。

なお、本書の刊行にあたっては晃洋書房編集部坂野美鈴さんに大変お世話になりました。末尾になりましたが、心からお礼申し上げます。

有山篤利

2023年12月

著者紹介

高松 平藏（たかまつ へいぞう）［まえがき、第Ⅱ部、第Ⅲ部］

ドイツ在住のジャーナリスト。エアランゲン市（バイエルン州）を拠点として、取材、調査、観察をもとにして執筆や講演、講義などの活動を行っている。また、ドイツにおいては「インターローカルスクール」という研修プログラムを主宰している。主要なテーマは「地方都市の発展」。スポーツを都市発展の要素として捉え、著書『ドイツのスポーツ都市――健康に暮らせるまちのつくり方――』（学芸出版、2020年）、『ドイツの学校にはなぜ「部活」がないのか――非体育会系スポーツが生み出す文化、コミュニティ、そして豊かな時間――』（晃洋書房、2020年）を出版。これを契機に、行政や大学などでスポーツに関する講演を多数行っている。その他に、『ドイツの地方都市はなぜクリエイティブなのか――質を高めるメカニズム――』（学芸出版、2016年）などの著書もある。

高松平藏のウェブサイト　インターローカルジャーナル　https://www.interlocal.org/

有山 篤利（ありやま あつとし）［第Ⅰ部、第Ⅲ部、あとがき］

京都府立高校教諭、京都府教育庁保健体育課指導主事、聖泉大学人間学部教授、兵庫教育大学大学院学校教育研究科教授を経て、現在は追手門学院大学社会学部教授、博士（教育学）。体育科教育学やスポーツ社会学を専門領域とし、主に武道（柔道）、部活動、体育授業、スポーツ文化などを研究テーマとして多数の論文、雑誌記事等を発表している。主な著書に『「わざ」を忘れた日本柔道』（大修館書店、2023年）、『フランス柔道とは何か――教育・学校・スポーツ――』（共著、青弓社、2022年）、『スポーツ戦略論――スポーツにおける戦略の多面的な理解の試み――』（共著、大修館書店、2017年）などがある。また、柔道指導、部活動改革、体育指導に関する講演や研修会講師を多数行う傍ら、柔道指導教具「投げ技マイスター（特許第5312530号）」の開発やYouTubeによる武道（柔道・剣道）の初心者指導用プログラムの発信なども行っている。

参考文献

〈第Ⅰ部〉

有山篤利（2023）.『「わざ」を忘れた日本柔道』大修館書店.

有山篤利・伊藤功二・中須賀巧・森田啓之（2023）.「保護者・生徒・教員が期待する運動部活動の役割――T 市における意識調査より――」『日本部活動学会研究紀要』5, pp.15-26.

部活問題対策プロジェクト HP: http://bukatsumondai.g2.xrea.com/（2023 年 7 月 5 日　閲覧）.

伊藤功二（2020）.「部活動の教育的役割の検討――実態調査から見える実像――」兵庫教育大学大学院修士論文．m 元永知宏（2022 月 8 月 9 日）「甲子園の風」Number Web: https://number.bunshun.jp/articles/-/854202（2023 年 7 月 5 日閲覧）.

中澤篤史（2014）.『運動部活動の戦後と現在――なぜスポーツは学校教育に結びつけられるのか――』青弓社.

佐伯啓思（2010）.『日本という「価値」』NTT 出版.

寒川恒夫（2014）.『日本武道と東洋思想』平凡社.

スポーツ庁の令和 3 年度総合型 SC 育成状況調査.

内田良・上地香杜・加藤一晃・大田知彩（2018）.『調査報告・学校の部活動と働き方改革』岩波ブックレット.

〈第Ⅱ部〉

阿部謹也（2006）.『近代化と世間――私が見たヨーロッパと日本――』朝日新聞出版.

Anna, S.（22. 5 2019）. *Studie zeigt: So sportlich sind die Deutschen wirklich.* Von Focus Online: https://www.focus.de/gesundheit/gesundleben/fitness/studie-zeigt-so-sportlich-sind-die-deutschen-wirklich_id_10746295.html abgerufen.

AOK Gesundheitsmagazin.（17. 9 2021）. *Fahrradfahren: Gut für die Umwelt und die Gesundheit.* Von AOK Gesundheitsmagazin: https://www.aok.de/pk/magazin/sport/fitness/darum-ist-fahrradfahren-gesund/ abgerufen.

Balz, E.（21. 7 2021）. *Die Geschichte des Sports in der Schule.* Abgerufen am

1. 12 2022 von Wuppertal rundschau: https://www.wuppertaler-rundschau.de/lokales/bergische-uni-wuppertal-die-geschichte-des-sports-in-der-schule_aid-61706869.

Balz, E. (2002). Freizeit und Schule. In J. Dieckert, & C. Wopp, *Handbuch Freizeitsport* (S. 289). Verlag Hofmann Schorndorf.

Barsuhn, M. (2016). *Sportentwicklungsplanung als ein strategisches Steuerungsinstrument für kommunale Sportverwaltungen.* Lit Verlag.

Braun, S. (2017). *Ehrenamtliches und freiwilliges Engagement im Sport im Spiegel der Freiwilligensurveys*. Graurheindorfer Straße 198 · 53117 Bonn: Bundesinstitut für Sportwissenschaft.

Breuer, C., Feiler, S., & Rossi, L. (2020). *Sportvereine in Deutschland: Mehr als nur Bewegung.* Bundesinstitut für Sportwissenschaft.

Deutschland Behinderten. (kein Datum). *Gewalt im Sport.* Abgerufen am 3 2023 von Deutscher Behindertensportverband – National Paralympic Committee Germany: https://www.dbs-npc.de/psg-im-sport.html.

Deutschlandfunk Kultur. (5. 1 2020). *Einsatz gegen Gewalt auf dem Spielfeld.* Von Deutschlandfunk Kultur: https://www.deutschlandfunkkultur.de/amateurfussball-einsatz-gegen-gewalt-auf-dem-spielfeld-100.html abgerufen.

Giesecke, H. (1981). *Vom Wandervogel bis zur Hitlerjugend Jugendarbeit zwischen Politik und Pädagogik.* München: Juventa-Verlag.

Dieckert, J. & Wopp, C. (2002). Handbuch Freizeitsport. Schorndorf: Verlag Hofmann Schorndorf.

真山達志，成瀬和弥（2021）．『公共政策の中のスポーツ』晃洋書房．

大澤真幸（2021）．『新世紀のコミュニズムへ――資本主義の内からの脱出――』NHK 出版．

Prahl, H.-W. (2015). Geschichte und Entwicklung der Freizeit. In R. Freericks, & D. Brinkmann , *Handbuch Freizeitsoziologie 2015* (S. 29/1326). Springer VS.

Reuters Staff. (2020 年 4 月 27 日). 「NY 市、一部車道閉鎖し歩道拡張へ　新型コロナの移動制限中」Reuters: https://jp.reuters.com/article/health-coronavirus-nyc-streets-idJPKCN2292DB.

Sampels, J.（1949）. *Kommunale Aportaufgaben Bericht über die Arbeitstagung der Leiter städtischer Sportämtor.* Arbeitsgemeinschaft Deutscher Sportämter.

Stadt Erlangen, Amt für Sport und Gesundheitsförderung.（2022）. *1972-2022 50Jahre Amt für Sport und Gesundheitsförderung.* Stadt Erlangen、Amt für Sport und Gesundheitsförderung.

高松平藏（2017 年 10 月 22 日）.「ドイツの小学生が「デモの手順」を学ぶ理由」東洋経済 ONLINE: https://toyokeizai.net/articles/-/193857.

高松平藏（2020）.『ドイツのスポーツ都市――健康に暮らせるまちのつくり方――』学芸出版.

多木浩二（2009）.『スポーツを考える――身体・資本・ナショナリズム――』筑摩書房.

柳父章（1982）.『翻訳語成立事情』岩波書店.

Weith, T.（15. 10 2022）. Unfit und gemobbt. *Erlanger Nachrichten,* S. 43.

スポーツを地域のエンジンにする作戦会議
ドイツの現状、日本の背景を深掘り！
2023年12月10日　初版第1刷発行

著　者　高松平藏
　　　　有山篤利 ©
発行者　萩原淳平
印刷者　藤原愛子

発行所　株式会社 晃洋書房
　　　　京都市右京区西院北矢掛町7番地
　　　　電話　075（312）0788㈹
　　　　振替口座　01040-6-32280
印刷・製本　藤原印刷㈱
装幀　HON DESING（小守いつみ）
ISBN978-4-7710-3772-4